MARIO A. LORENZ

SO KOCHT DIE
ZUNGE

SPEISEN IM KONTEXT

Copyright © Mario A. Lorenz, Berlin 2023

Herstellung und Verlag:

BoD - Books on Demand, Norderstedt

Einbandgestaltung und Fotos: Mario A. Lorenz

Zeichnungen, Entwürfe und Objekte: Mario A. Lorenz

huehnerzunge@gmx.de

Die Deutsche Nationalbibliothek verzeichnet diese Publikation in der Deutschen Nationalbibliografie; detaillierte bibliografische Daten sind im Internet über dnb.dnb.de abrufbar.

ISBN 978-3-755-73757-5

EINLEITUNG

In der Idealen Stadt Zunge hat, wie in jeder Kultur, das Essen eine besondere Form. Dieses Buch zeigt Modelle für die Gestaltung und Verpackung von Lebensmitteln. Präsentiert werden Werke und Erzeugnisse, die typisch für Zunge sind. Die Bandbreite reicht dabei etwa vom schönen Pudding über das passende Besteck bis hin zur entsprechenden Architektur. Jedes maßgebliche Gebäude besitzt sozusagen sein eigenes Besteck. Auch die Stadt Zunge als solche versteht sich dem entsprechend als ein Gesamtkunstwerk. Aus Ernährung wird Essen, und aus Essen wird Leben. Alles zusammen stellt auch eine Beschwörung des Buchstabens Z dar, also in diesem Fall des Zungenzetts. In Zunge gibt es dieses Zungenzett zum Dekorieren in allen erdenklichen Variationen zu kaufen, doch es kann natürlich jederzeit auch selbst hergestellt werden.

Das Buch soll Zunger Kultur bekannt machen und verbreiten, aber auch die Phantasie seiner Leser anregen. Das gilt für die Form und die Substanz des Essens wie der Architektur gleichermaßen. Denn auch Kochkunst muß eine Kunst sein, also wo nötig ein Teil eines Gesamtkunstwerkes. Zunge bietet Einwanderern aus allen Ländern eine Alternative für ihr Leben, und die Zunger Küche ist demnach äußerst vielfältig. Doch jeder neue Zunger muß ein Noviziat durchlaufen. In Zunge sollen nämlich Menschen ähnlichen Geschmacks und mit ähnlichen Interessen zusammenfinden, und diese sollen zuerst sehen, ob sie wirklich nach Zunge wollen. Gerade der gemeinsame Geschmack macht die Stadt, den Stadtstaat, für seine Bewohner ideal. Zunge steht daher für künstlerischen Ausdruck und guten Geschmack. Es ist ein Unsinn, wenn alle Städte weitgehend die gleiche Struktur aufweisen. Dann gibt es mitten in einem demokratischen Land keine eigentliche Wahlmöglichkeit. Der Zunger hingegen zieht gewissermaßen seinem ganz eigenen Geschmack hinterher. Zunge besitzt wiederum ganz unterschiedliche Stadtviertel, von denen jedes geschmacklich etwas anders ausfällt.

ESSBARE GESTALTUNG

Auf Zunger Art dekorierte Speisen

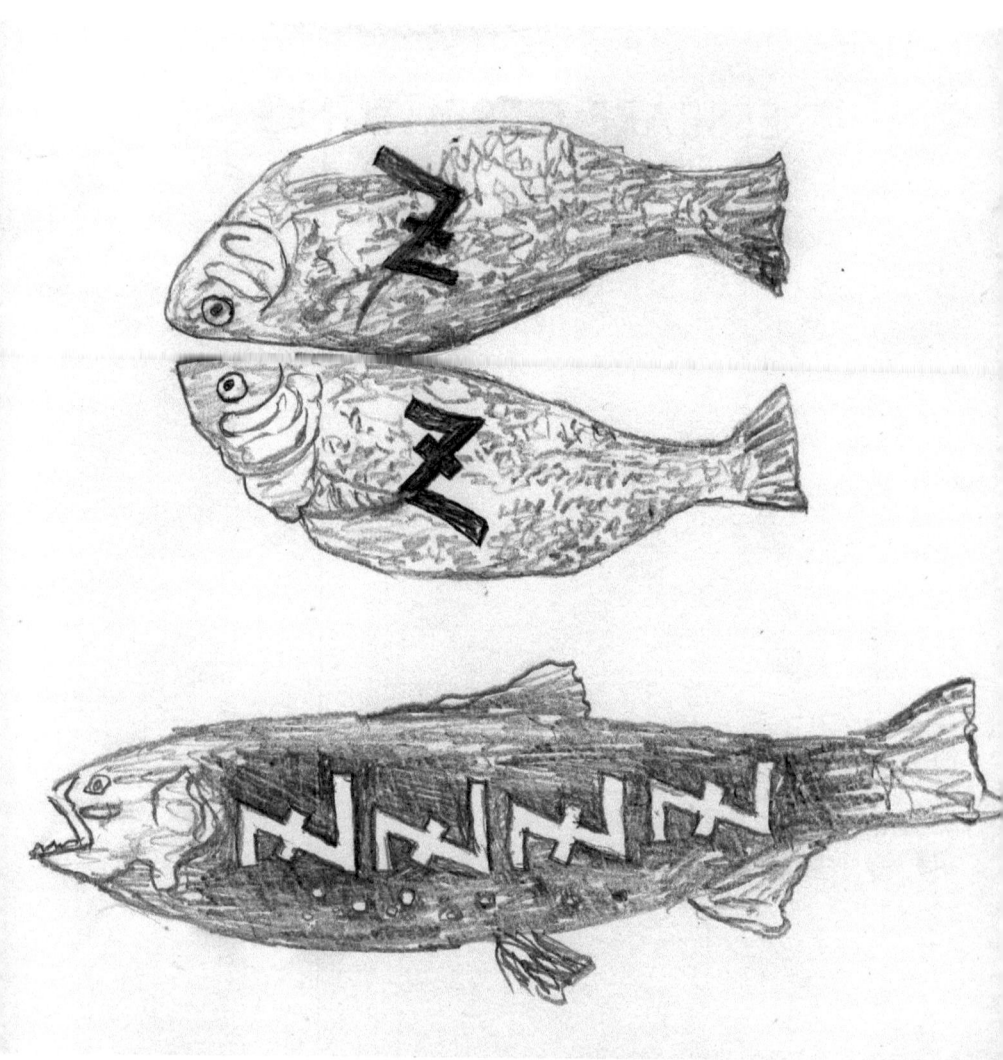

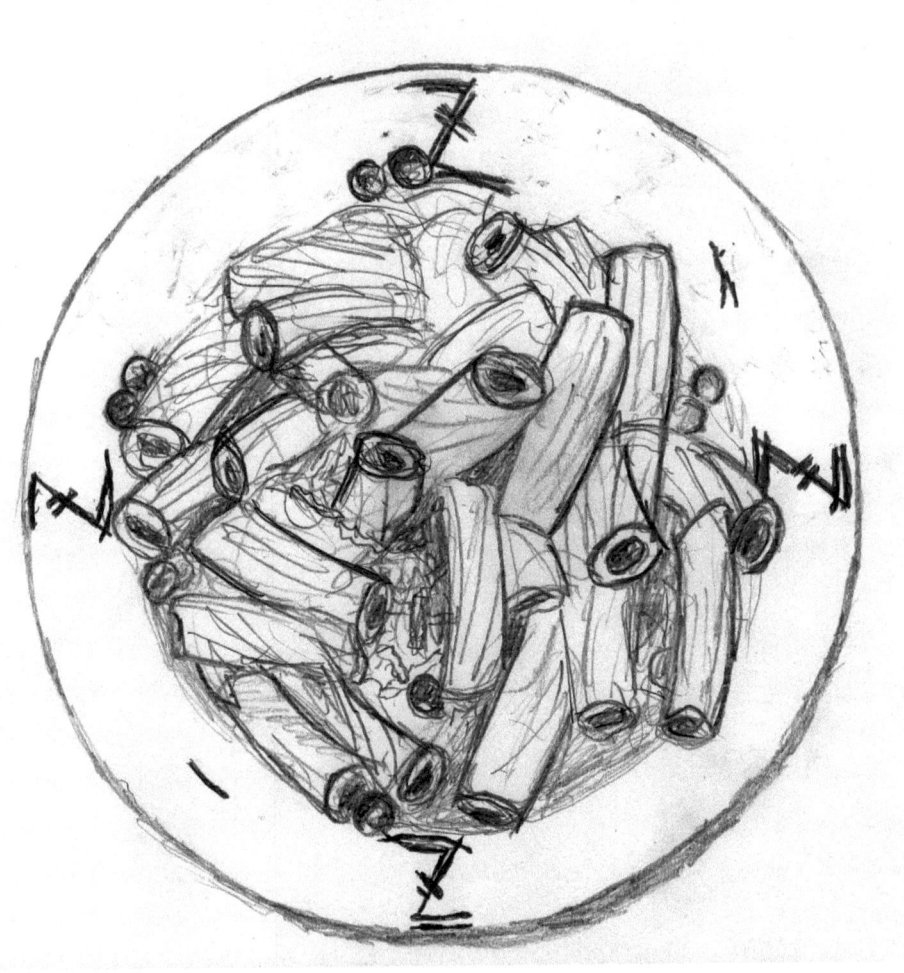

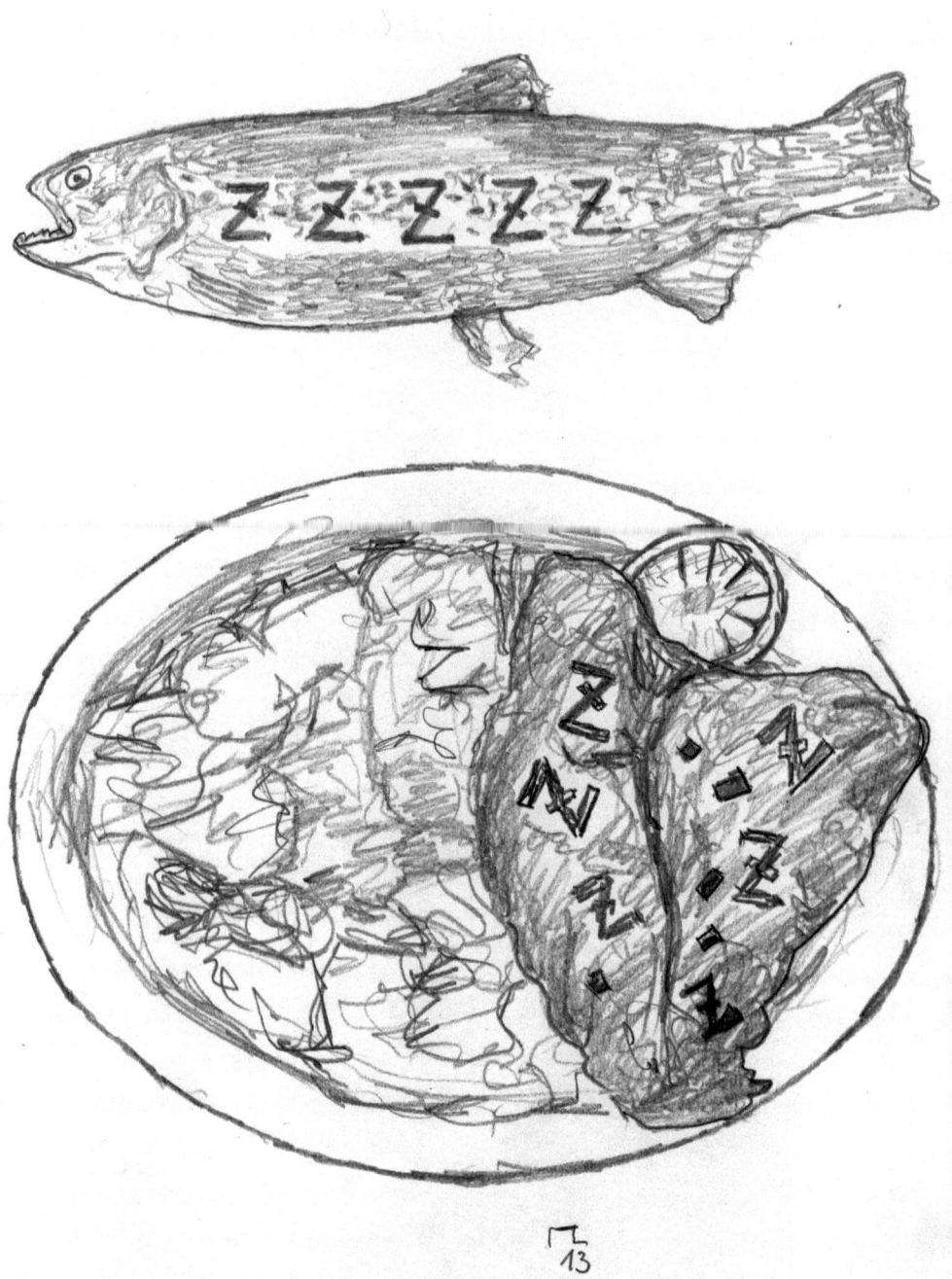

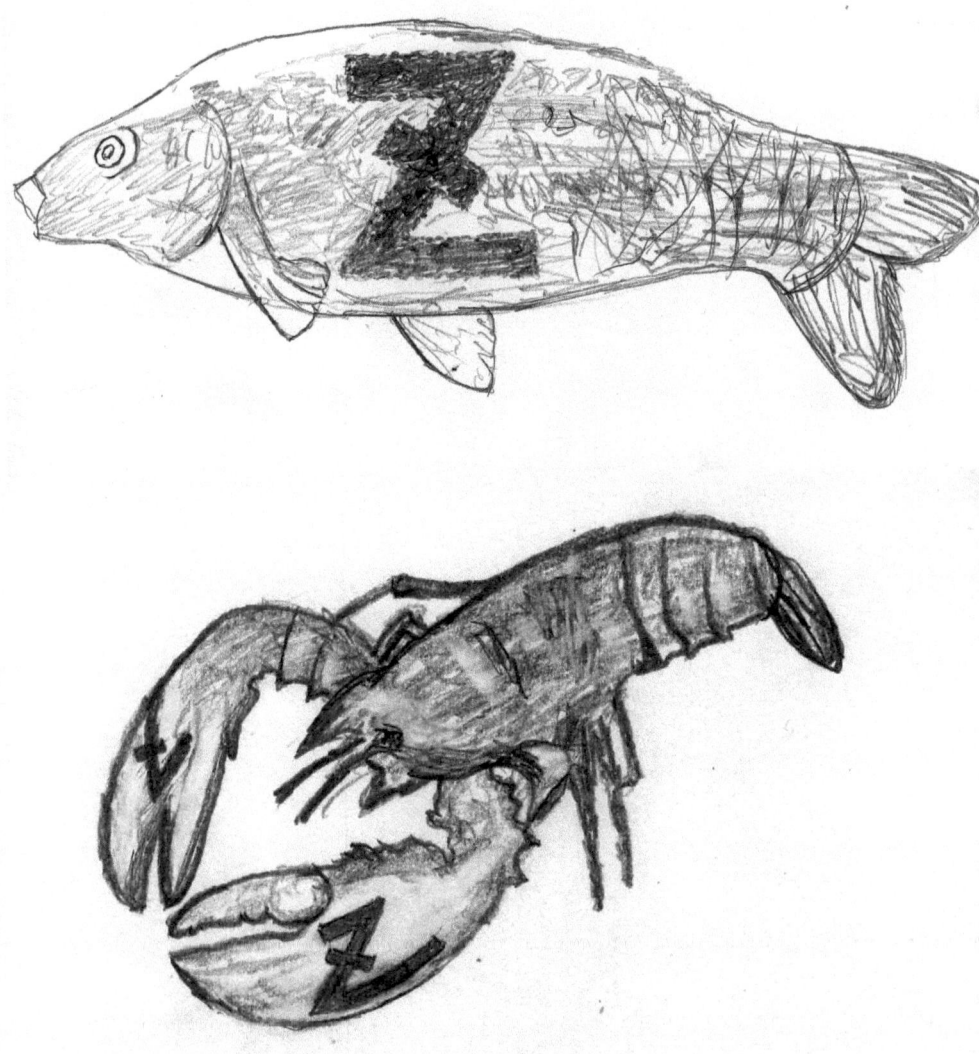

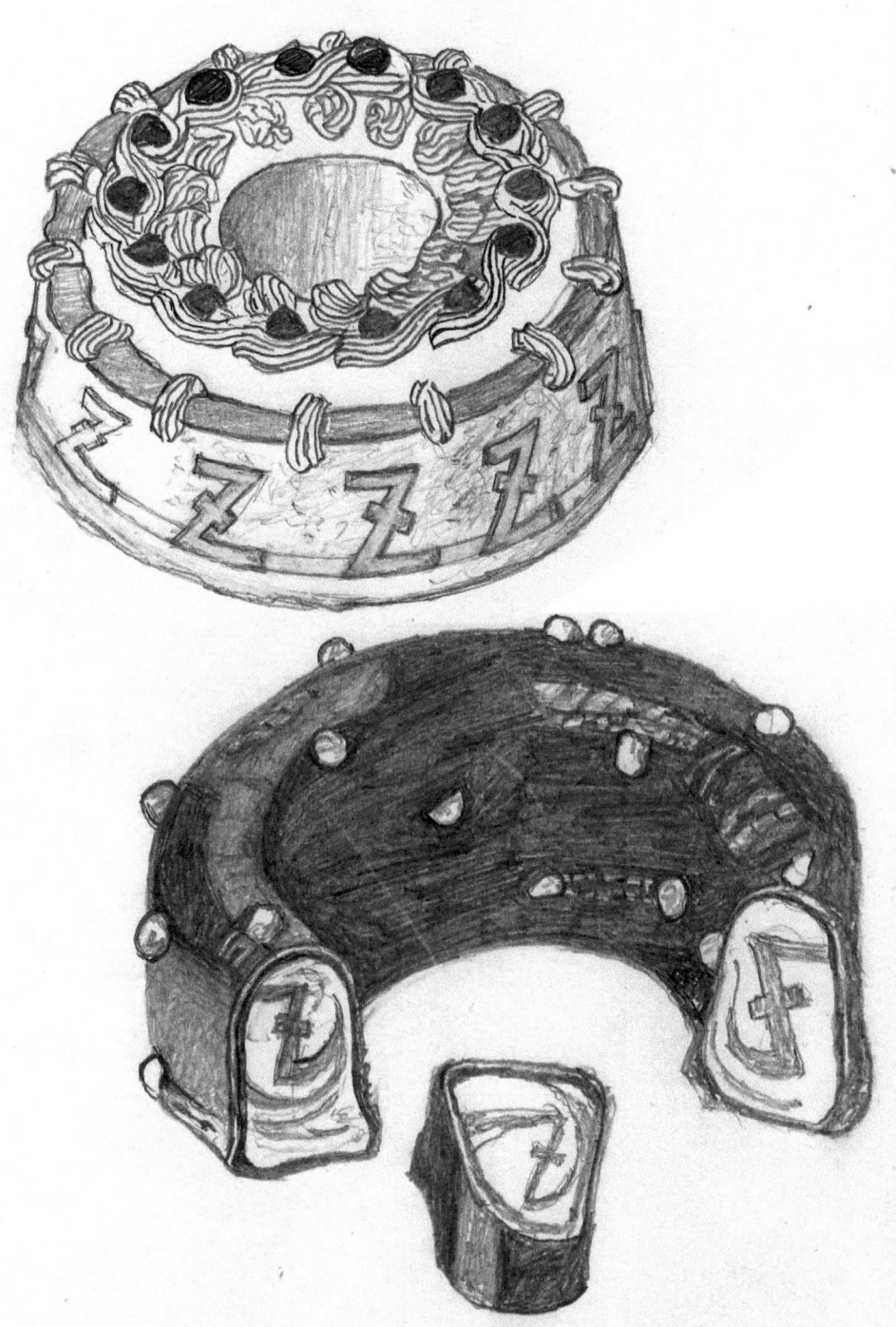

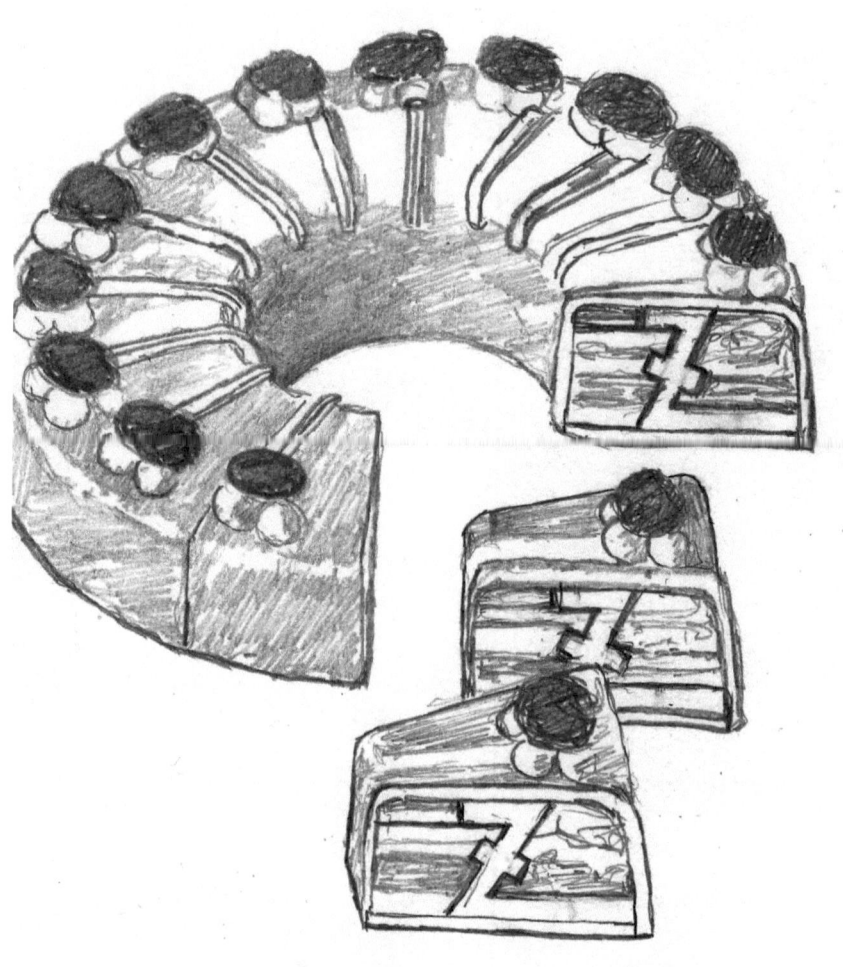

BEINAMEN ZUNGE! · DIE TAUFE AUF DEN

19

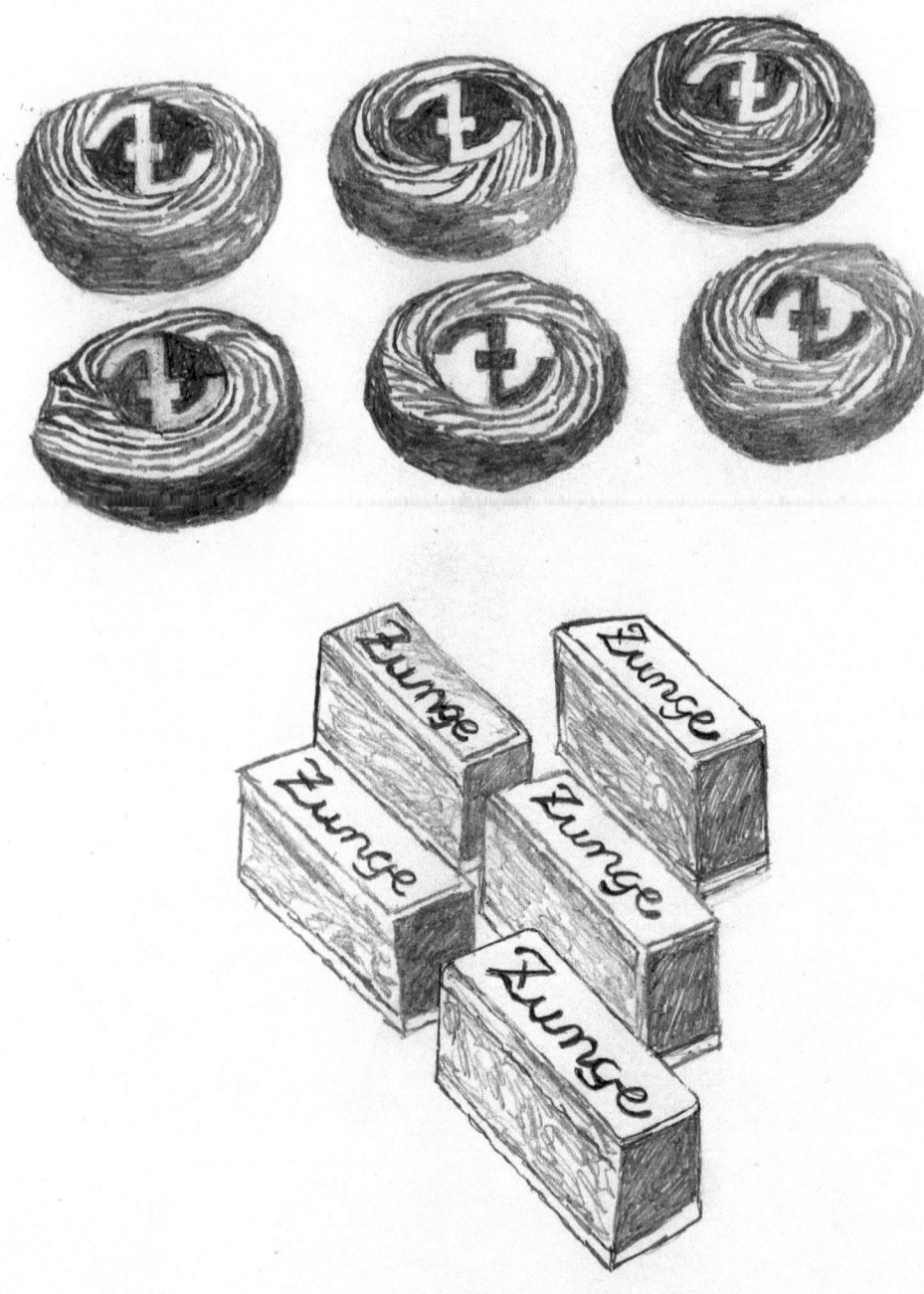

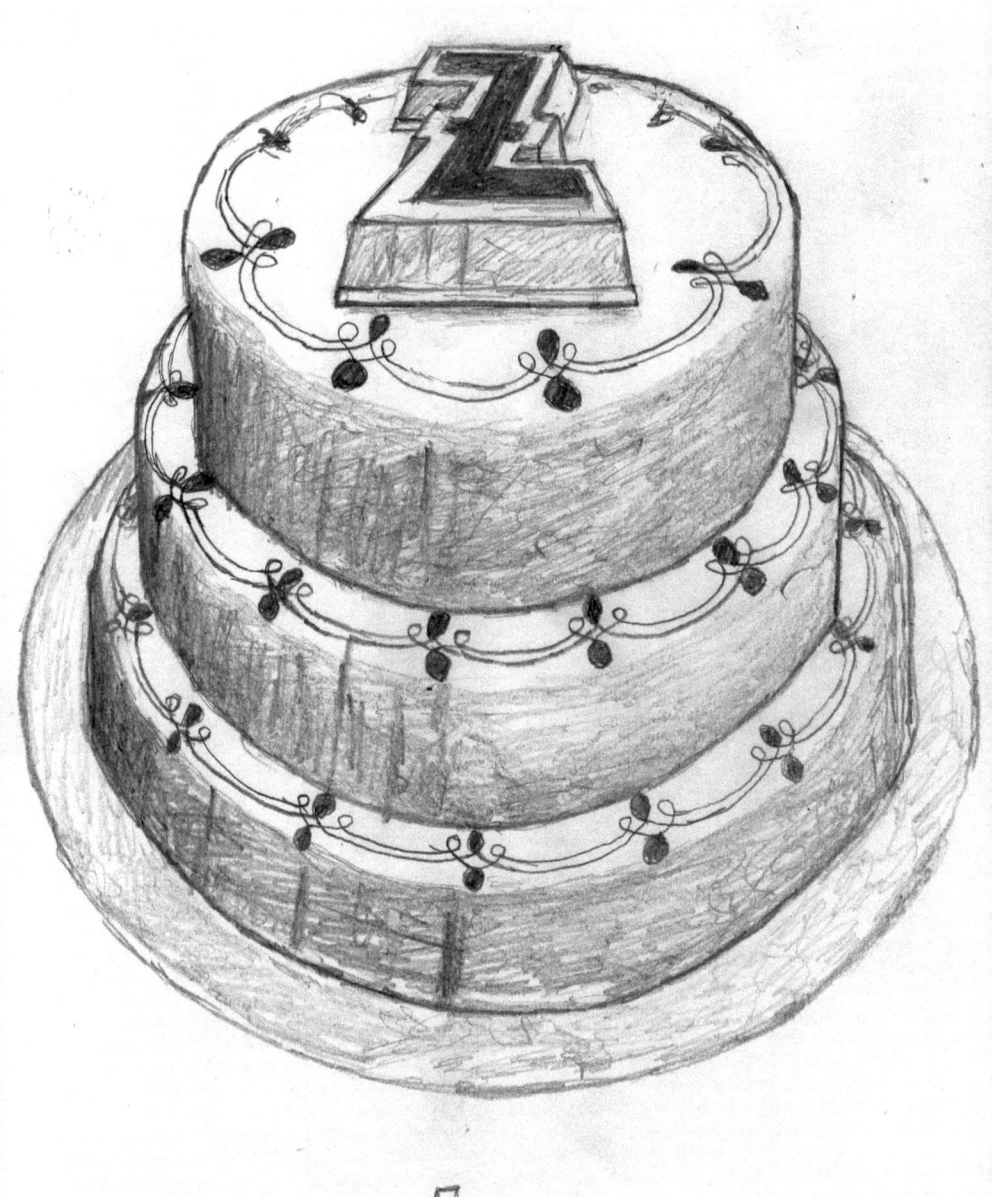

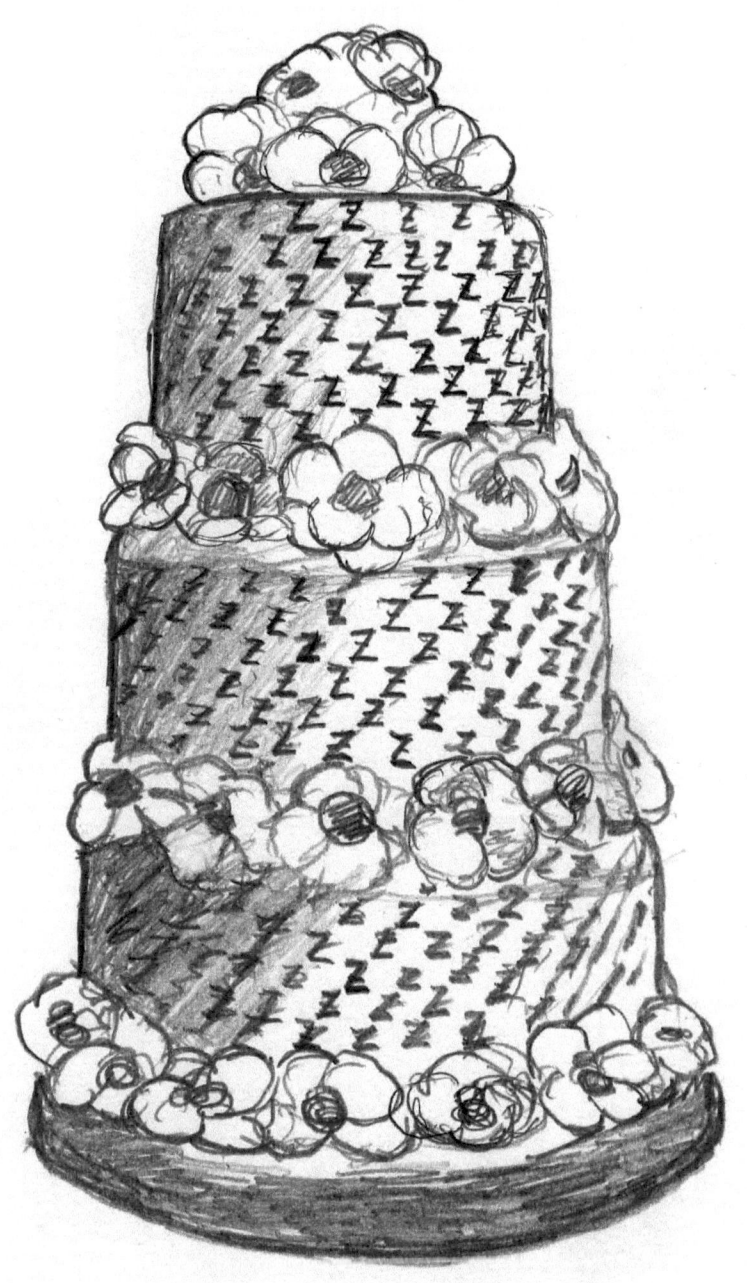

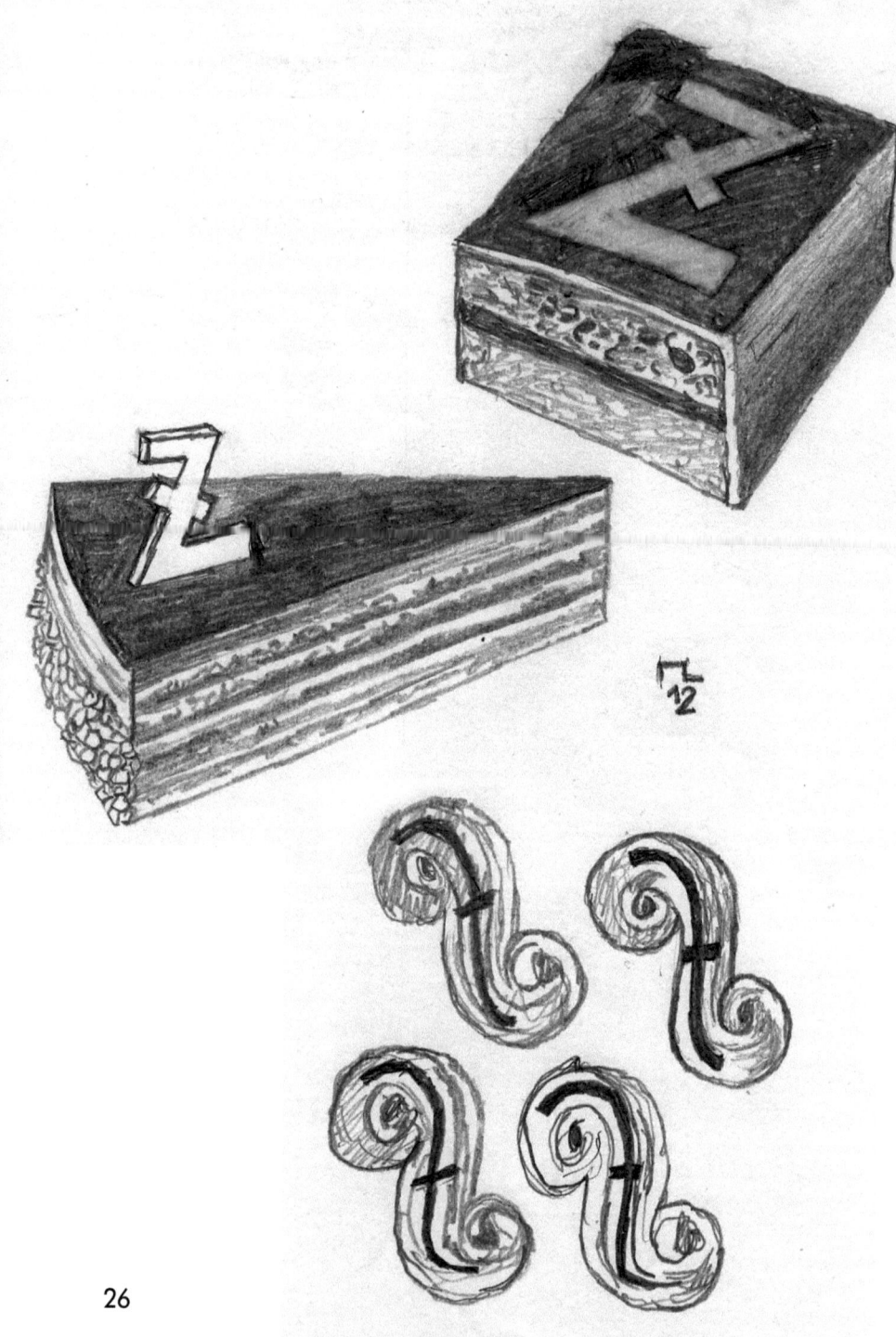

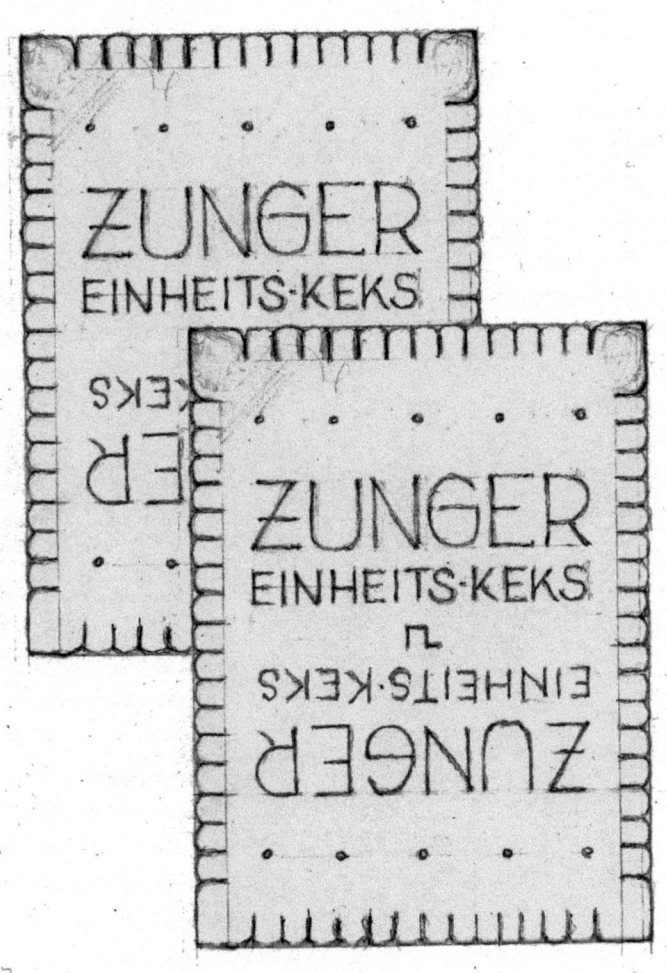

2022

27

31

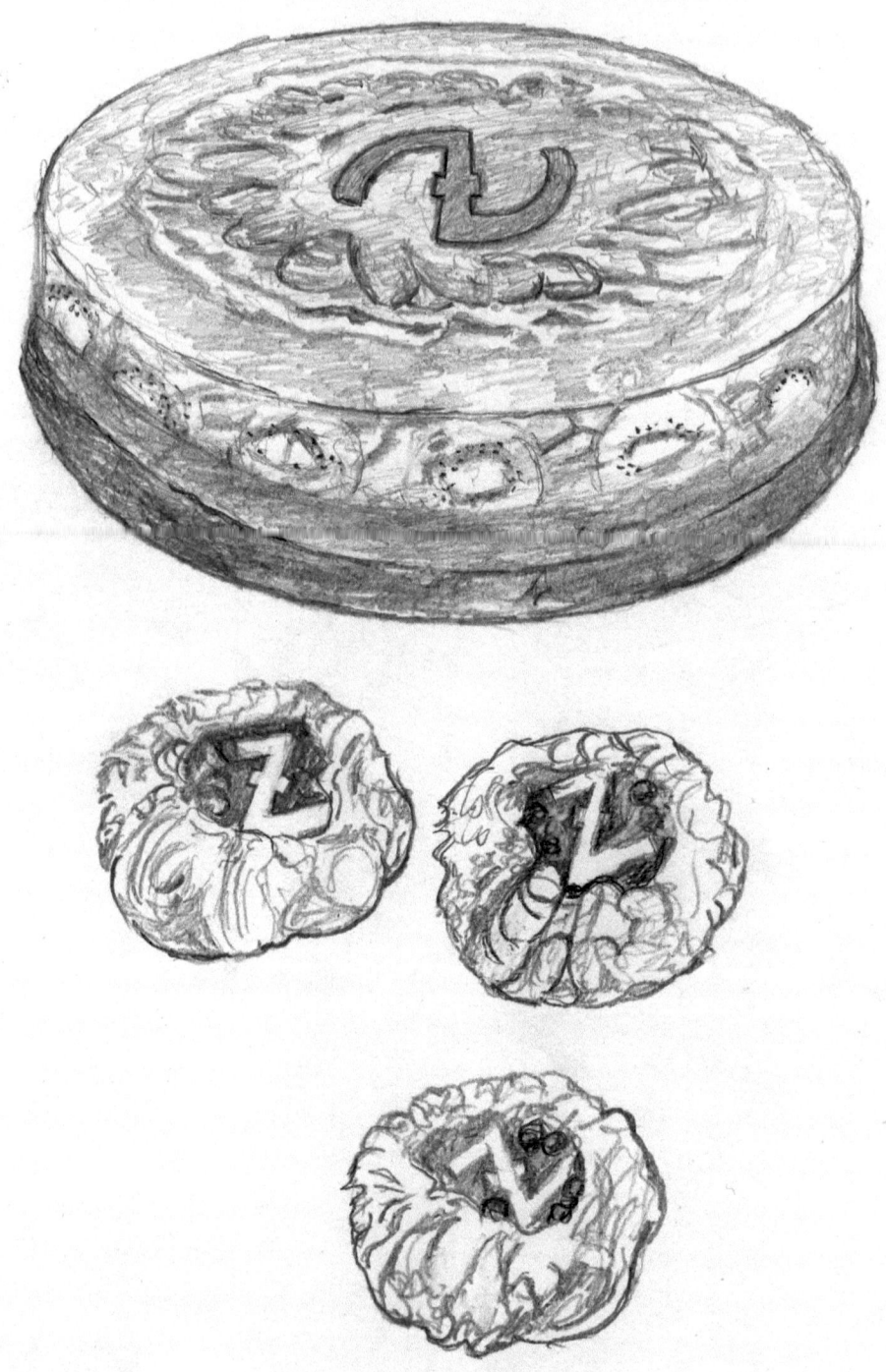

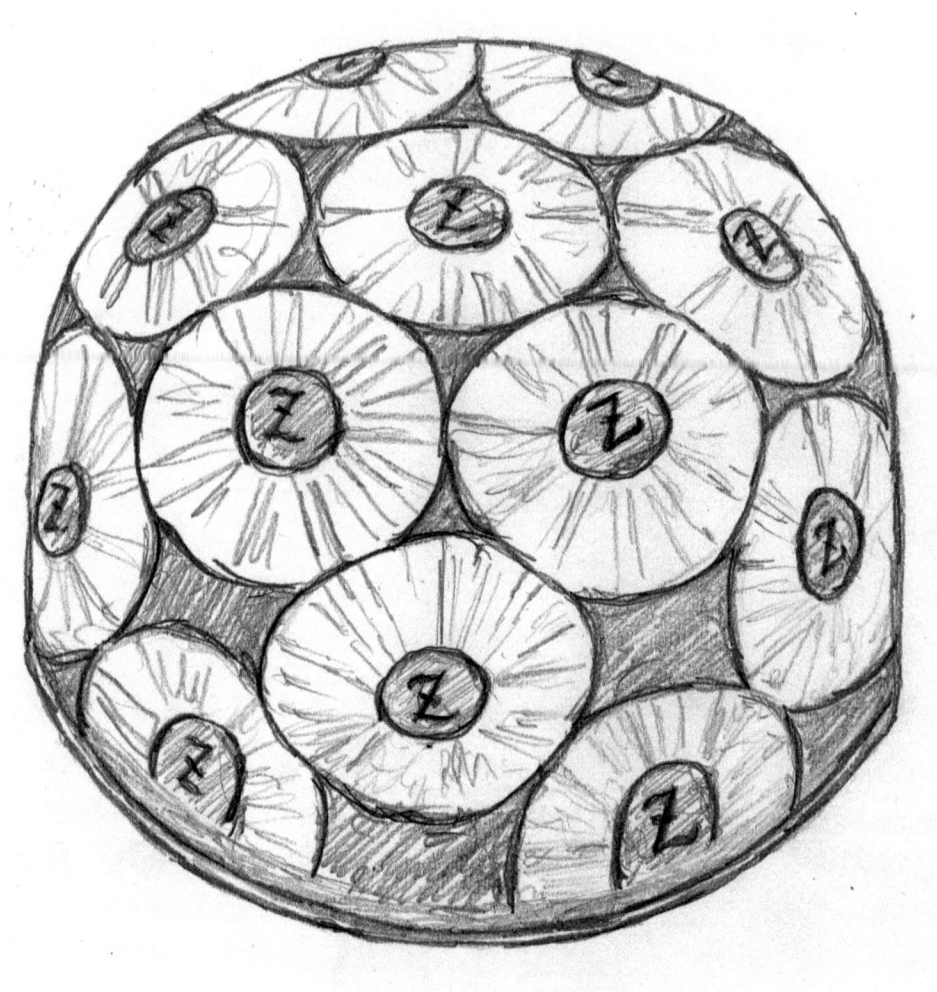

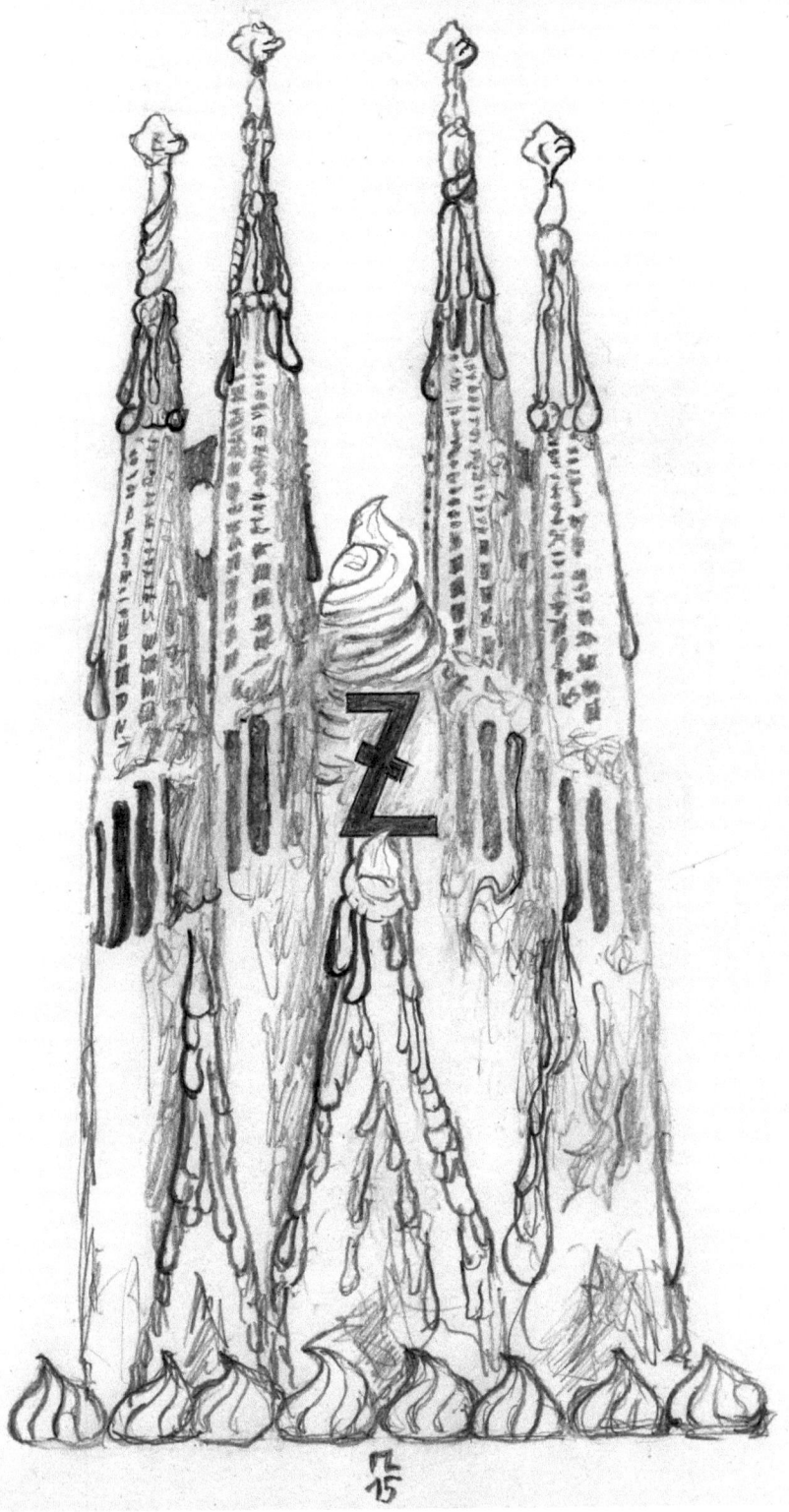

TL15

TL
23

15/18

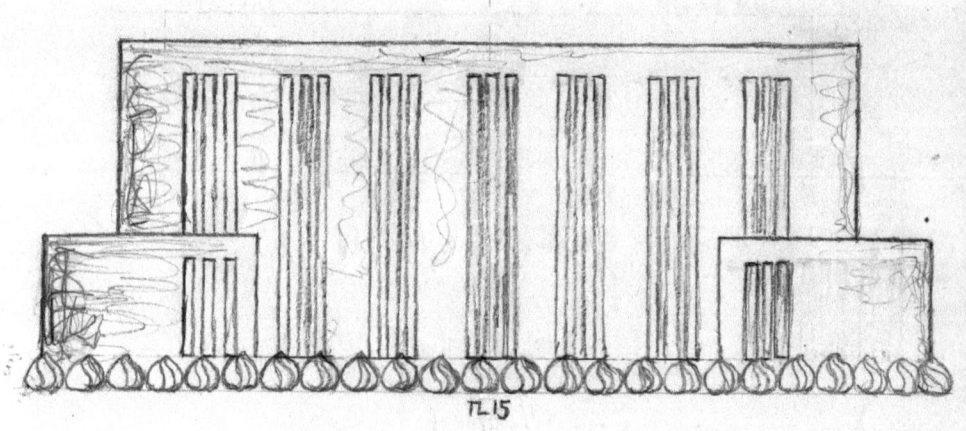

FL
15

TL 15

42

43

44

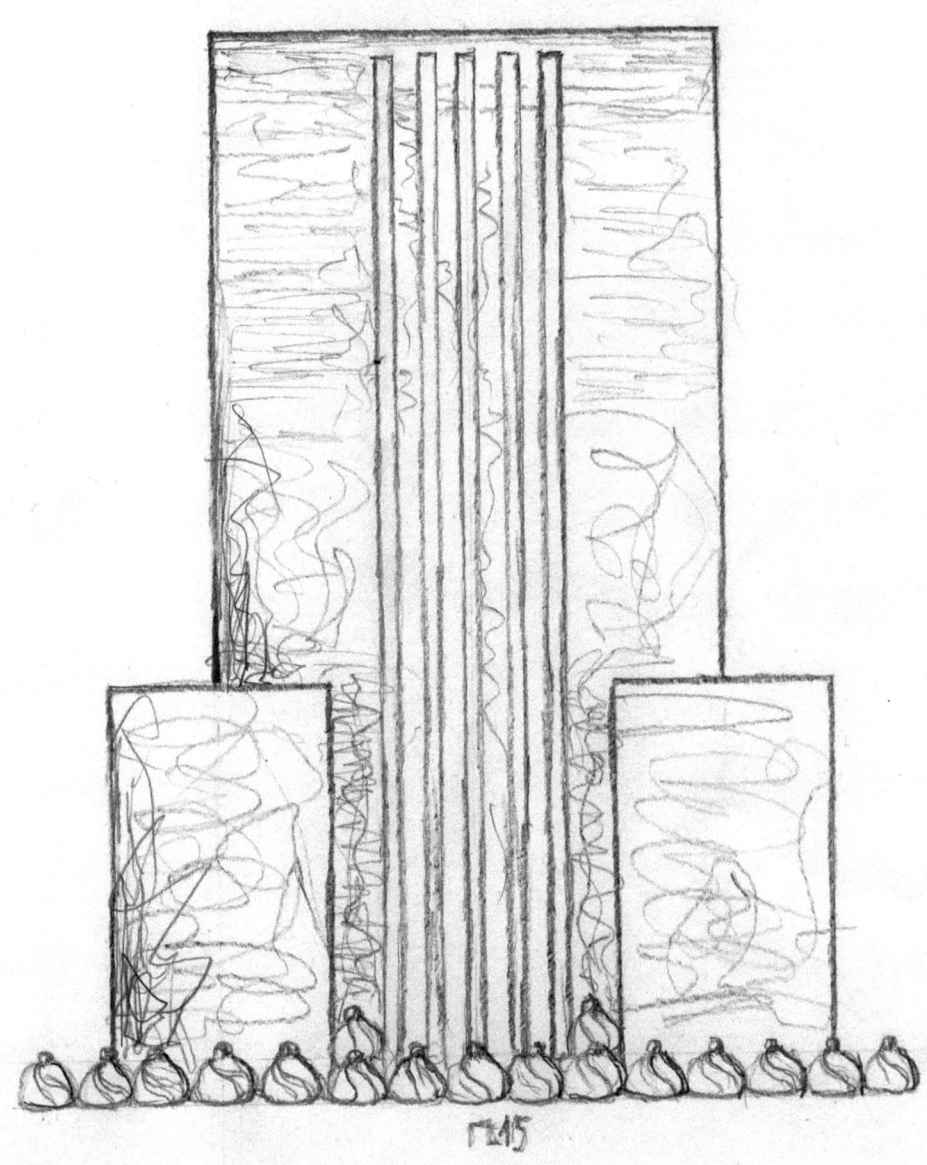

45

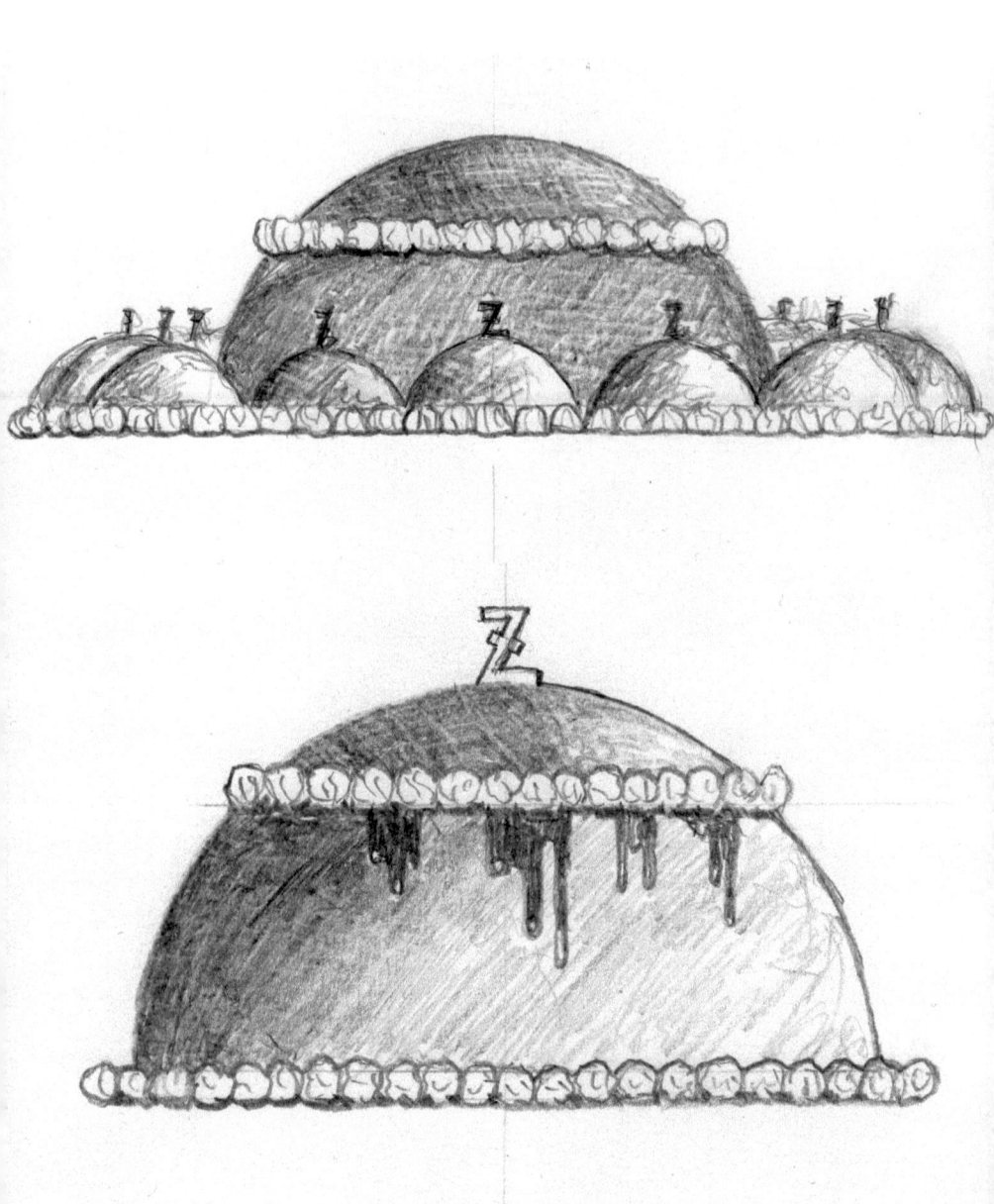

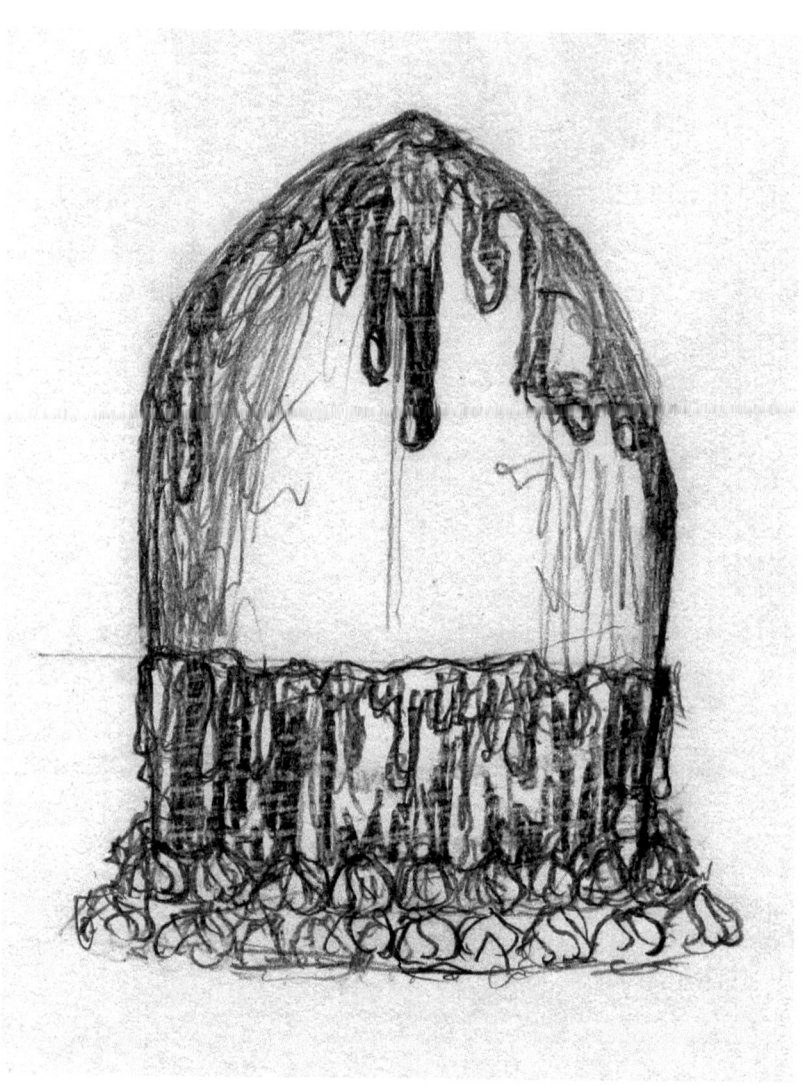

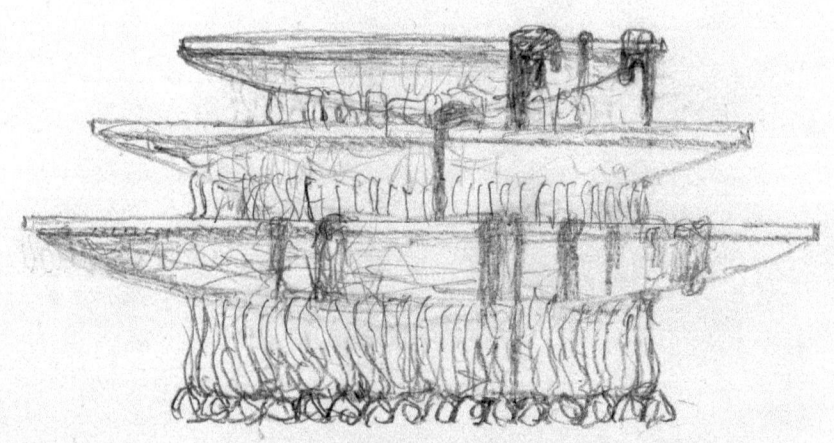

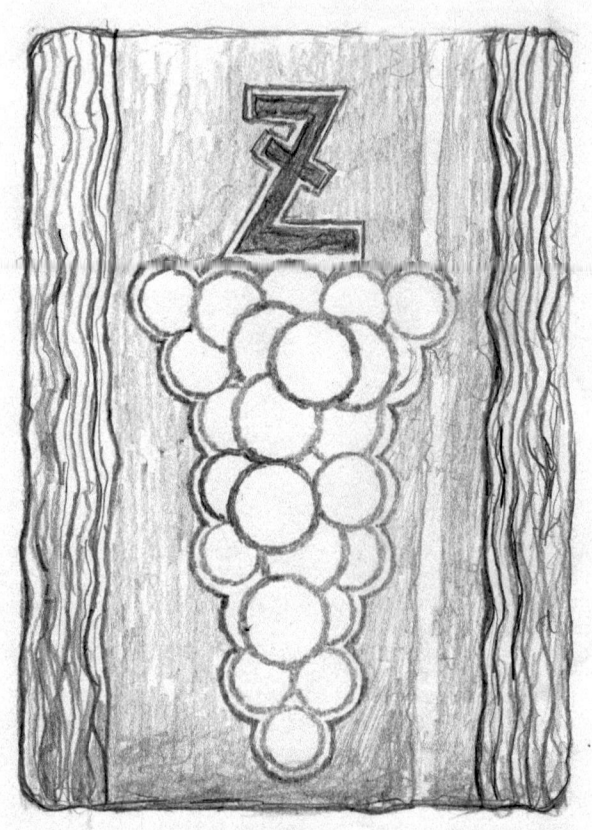

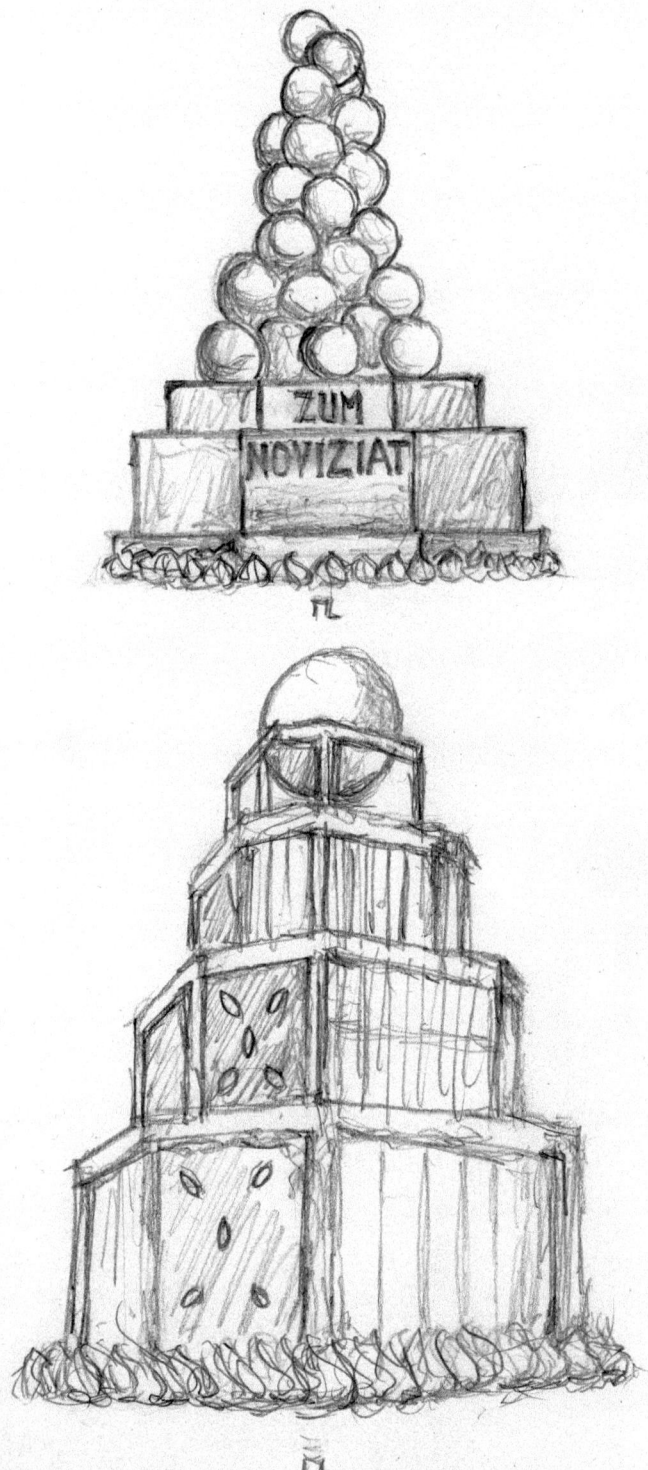

DIE IDEALE
STADT
ZUNGE

DANKT EUCH

AUS MARZIPAN IST
DER BUCHSTABE
UND AUS FEUER
DIE BOTSCHAFT DER
ZUNGE

12. 2015

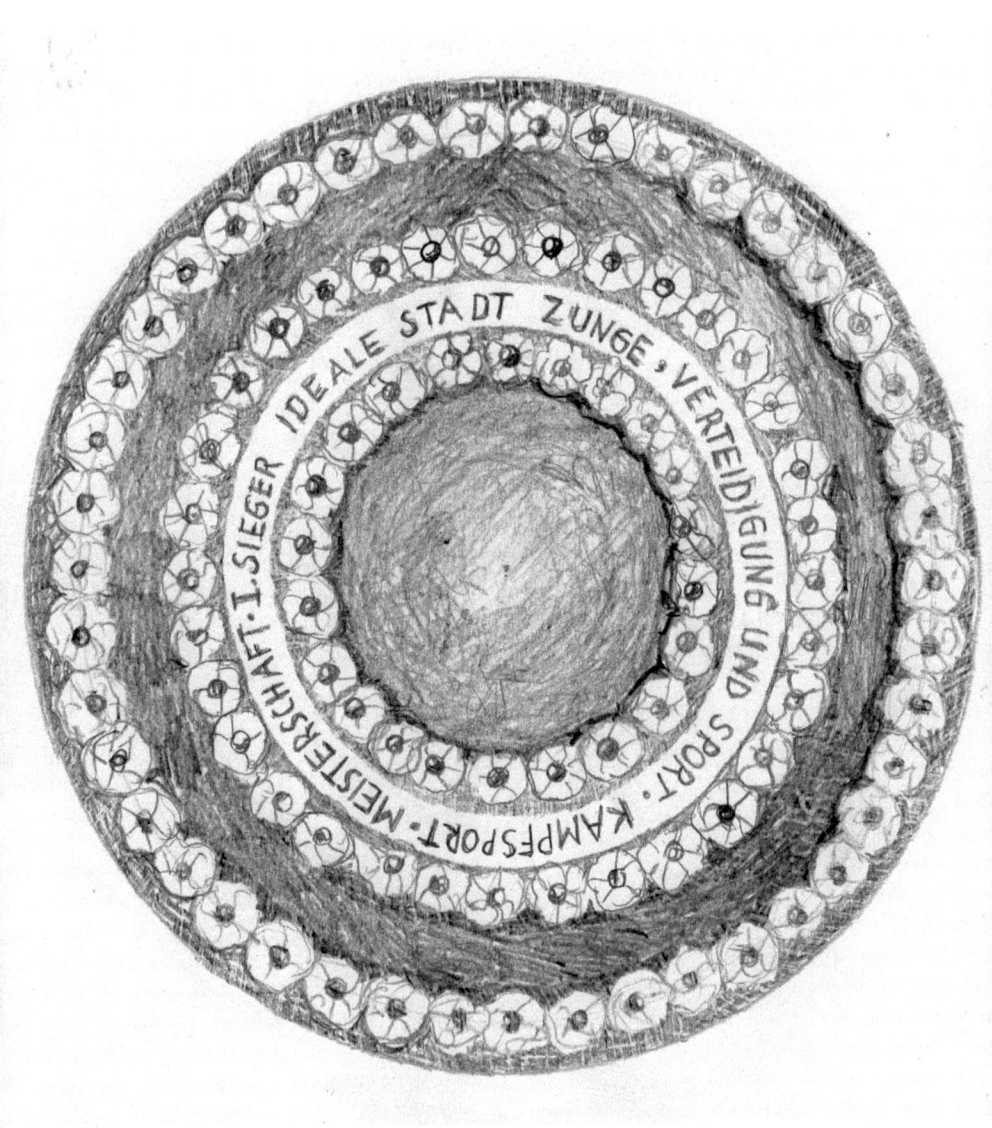

57

58

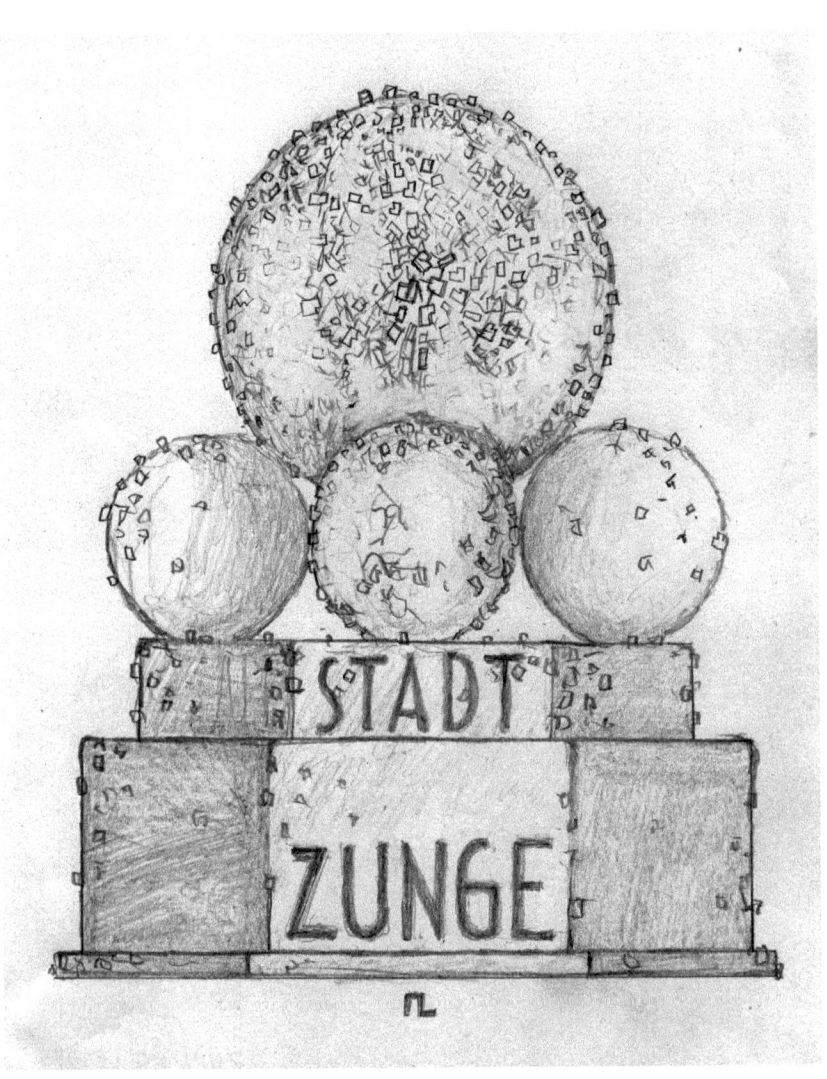

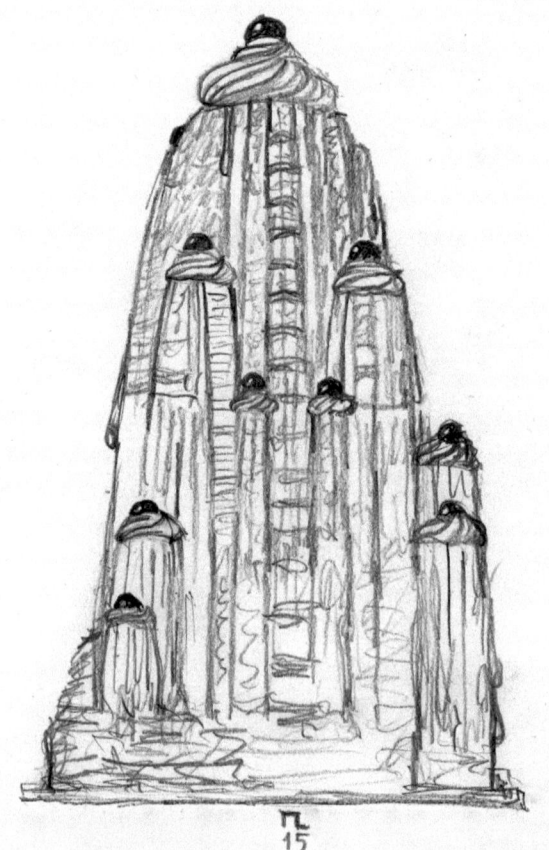

15

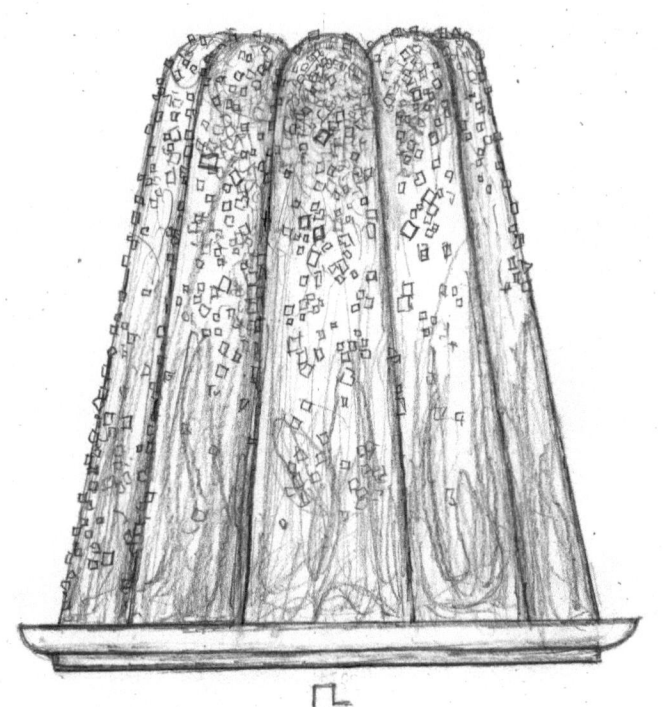

DER VERBAND ZUNGER KONDITOREN

64

MONUMENT AUS LEBKUCHENZIEGELN
UND DOMINOSTEINEN

ZEHN JÄHRI GES JUBILÄUM · ERHALT DES LEBENS-STADT ZUNGE · DAS ARCHIV UND MUSEUM DER IDEALEN STADT ZUNGE

66

ESSBARER STEIN +
ESSBARER MÖRTEL
SIND DES KONDITORS SCHNÖRKEL

REKLAME-GRAPHIK FÜR PLAKATE
„TORTE"

WAFFELTURM

IL14/15

Z

STADT
ZUNGE

AMEISENCREME
MIT ECHTER AMEISENSÄURE
WÜRZIG FEIN IM GESCHMACK

ZUNGENZUCKER

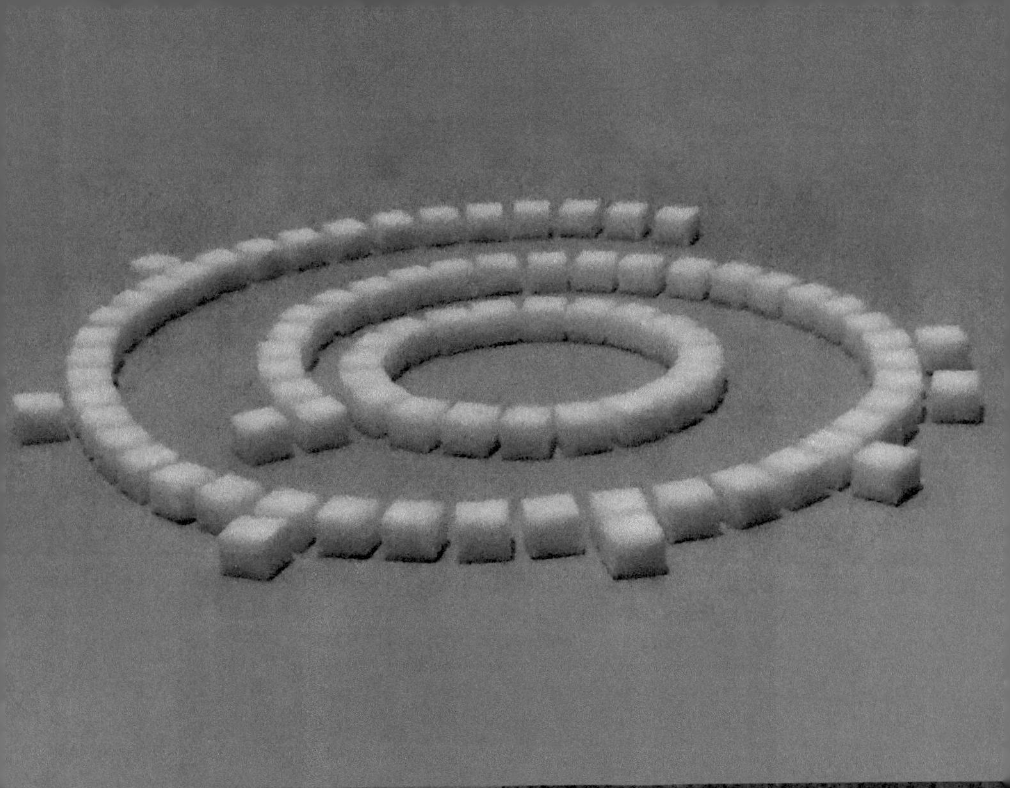

Kugelkönig
Grillanzünder

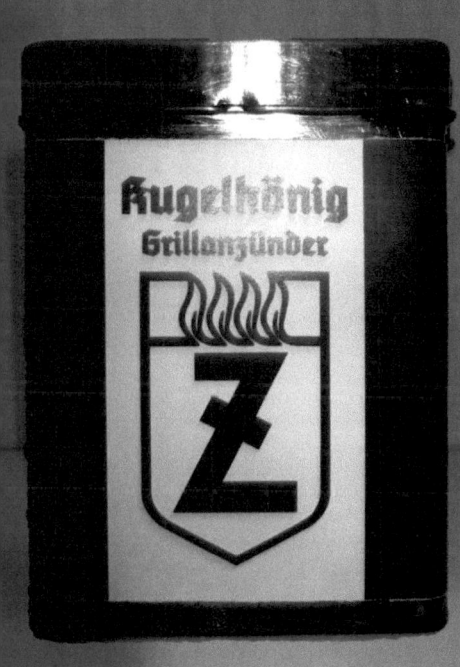

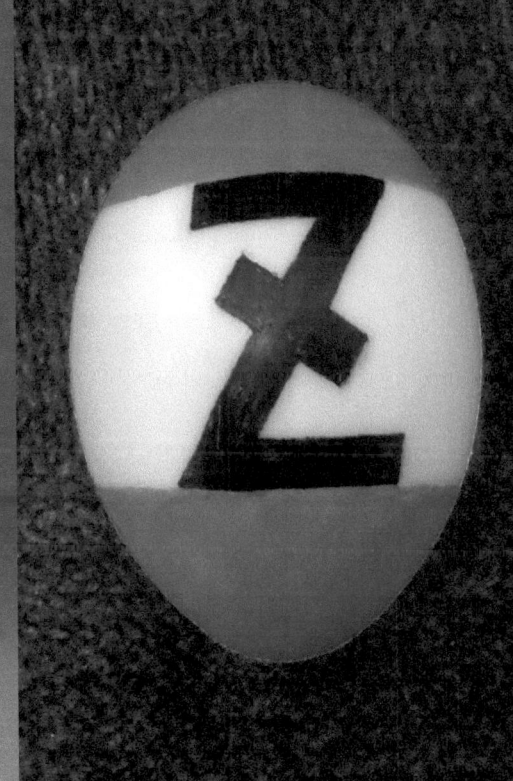

ZUNGEN
BIER

DIE BRAUEREI DER IDEALEN
STADT ZUNGE · MIT 0/1 VOL%
20 ZM EINHEITS-PREIS HEFE
BIOL. BESTANDTEILE 100%..

ハ18

Schwarze Zunge
Johannisbeere

Zunger

Mineralwasser

Stadtschlüssel
Bitterbrause

Jungenbräu

Pilsener

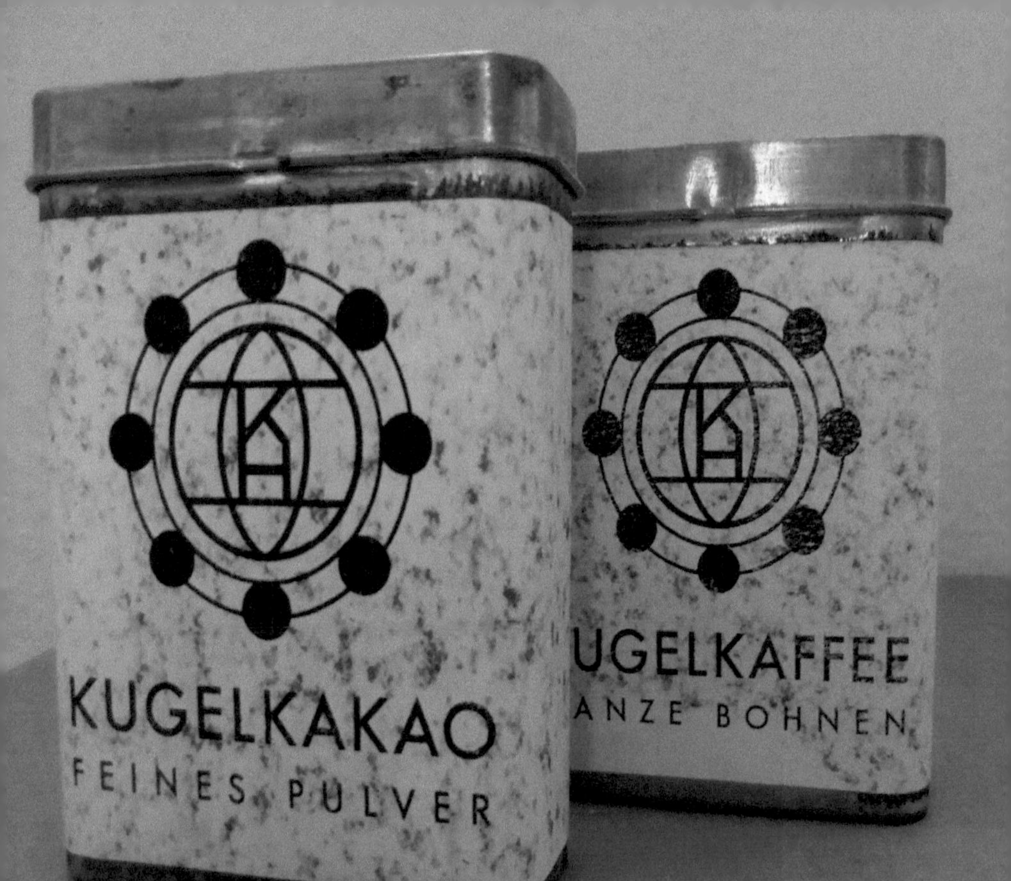
KUGELKAKAO
FEINES PULVER
UGELKAFFEE
ANZE BOHNEN

RESTAURANT WÜRFELHAUS • HEUTE BLEIBT DER OFEN AUS • WIR GEHEN IN DAS WÜRFELHAUS •

POLITISCH UND GESUNDHEITLICH KORREKTE SPEISEN • SCHNELLRESTAURANTS IN KUGELHÄUSERN •

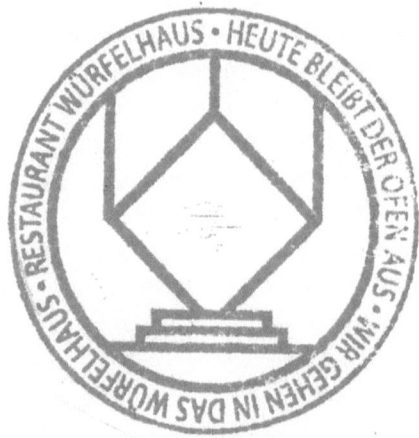

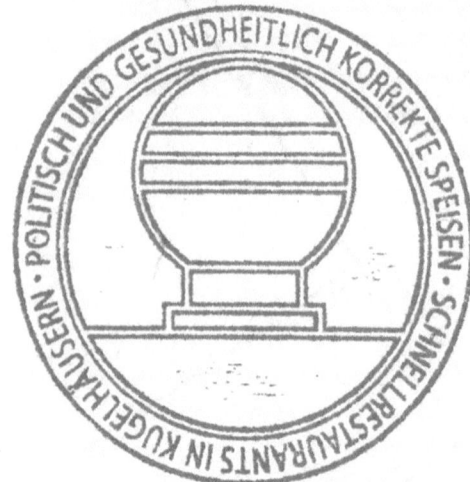

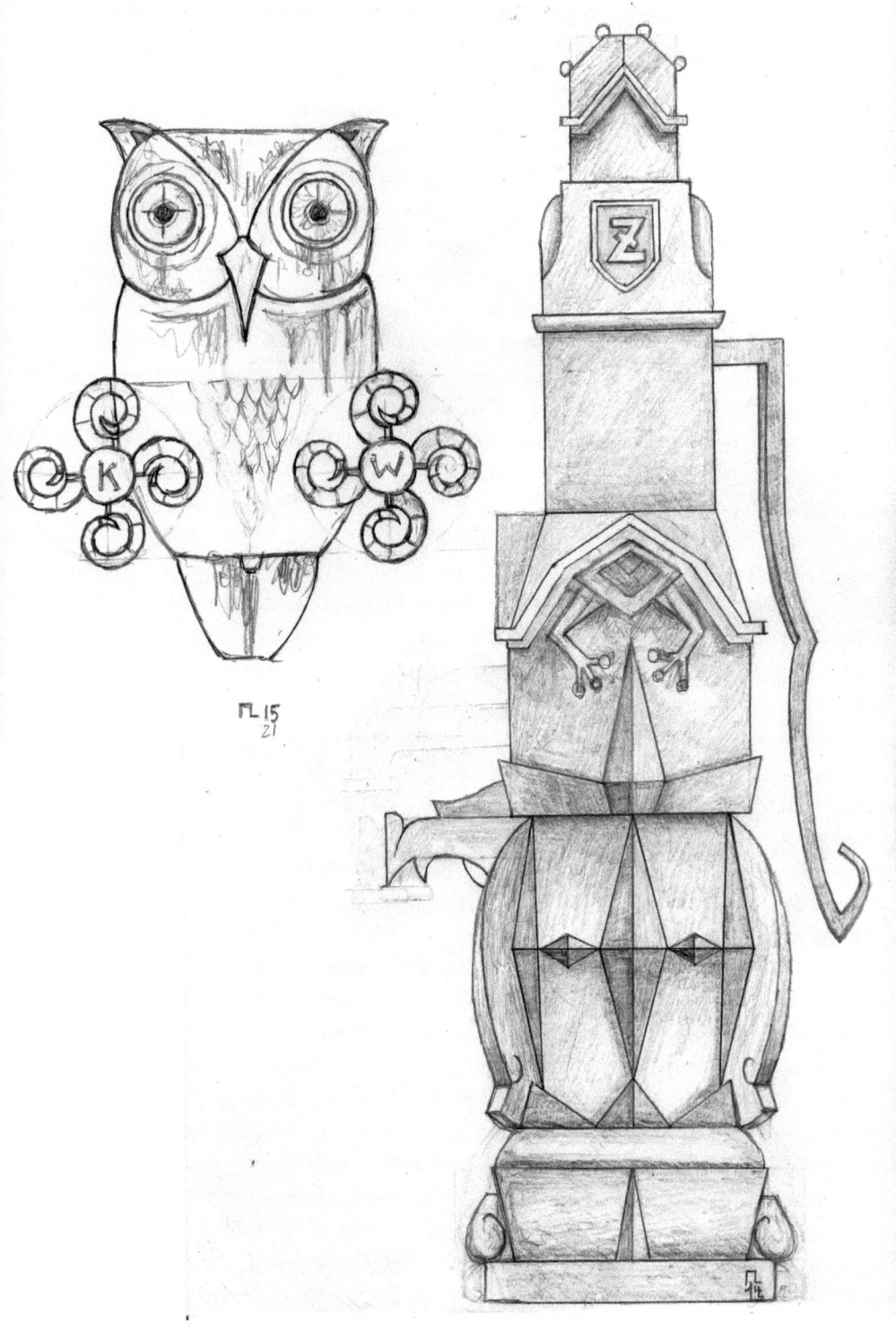

GESTALTETES ESSEN

Zunger Bauten, ihr Geschirr und ihr Besteck

VELDE

MUSEUMSCAFÉ
VERSICHERTE HISTORISCHE BESTECKE

⌐

SPEISEKARTE

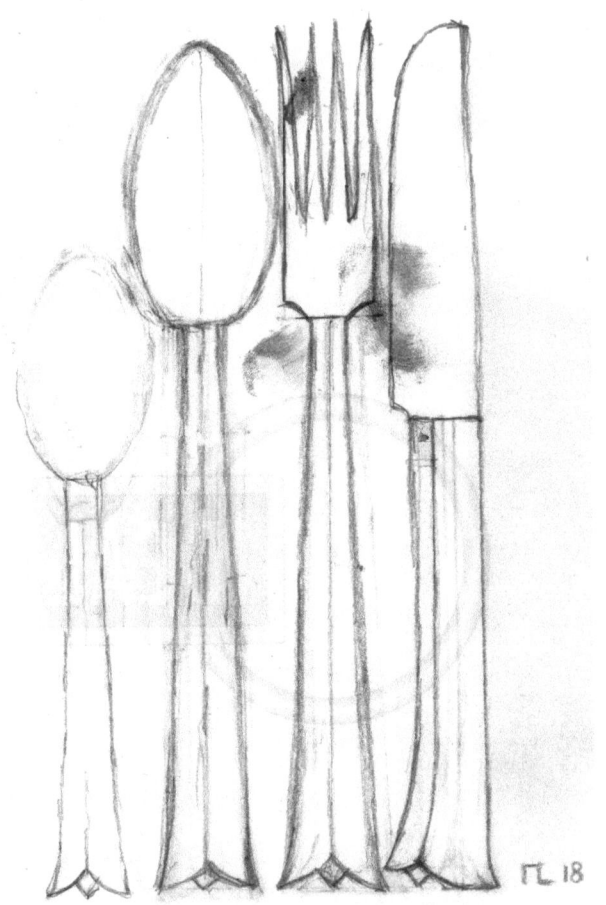

FL 18

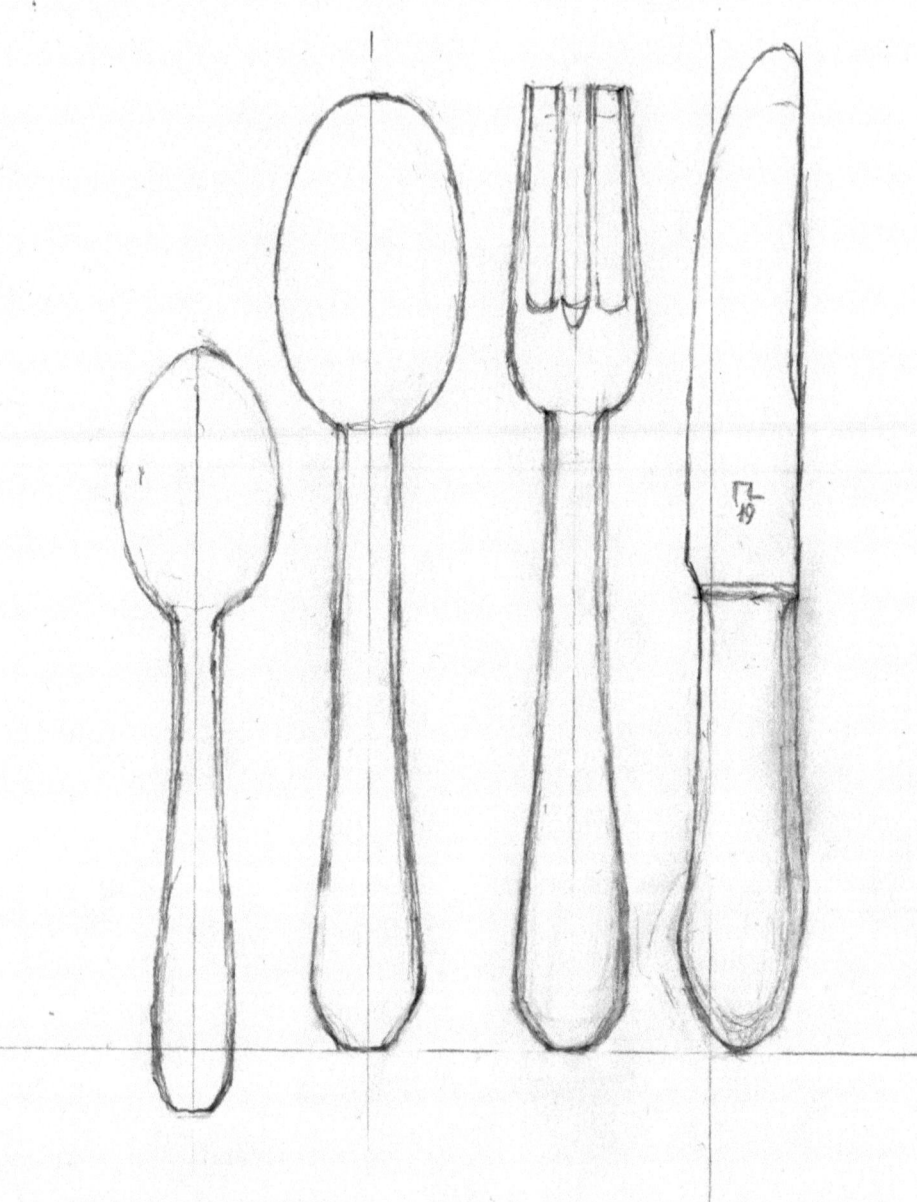

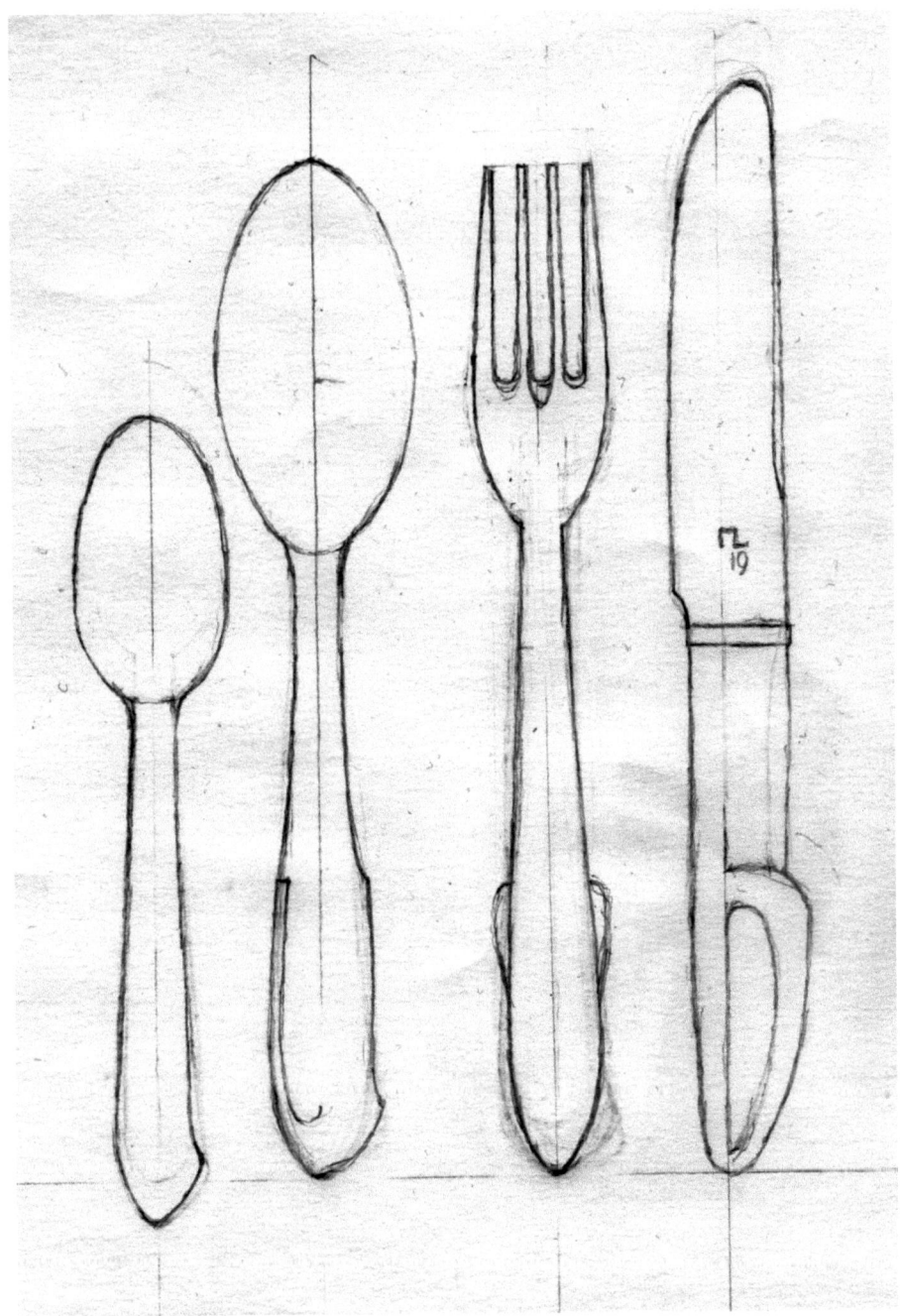

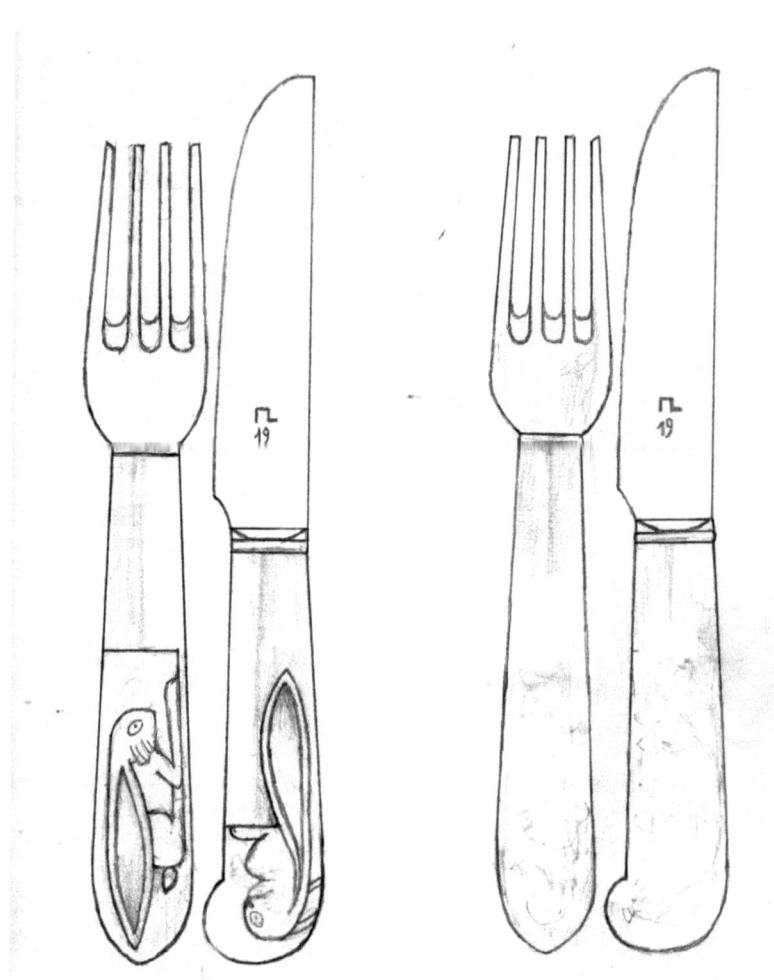

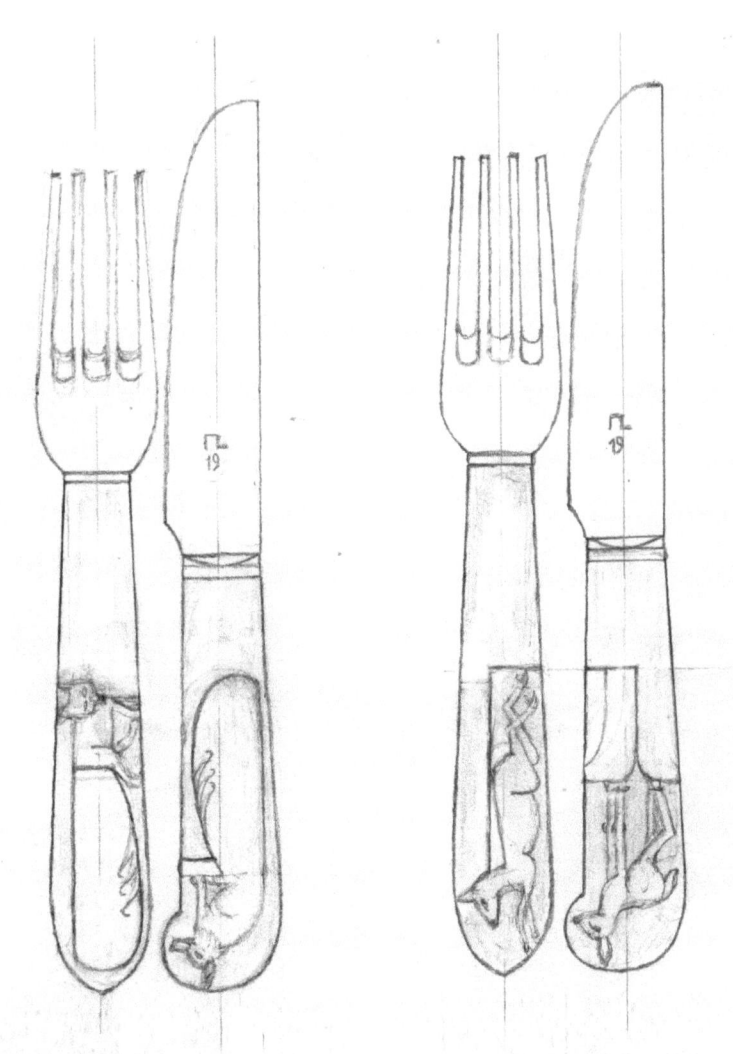

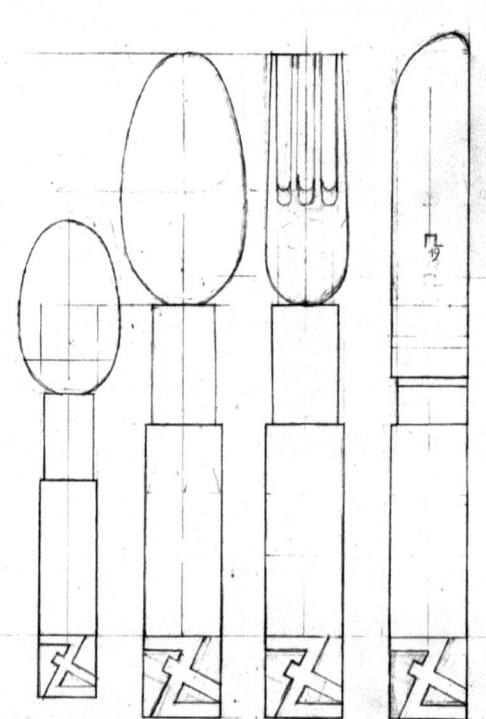

ZUNGE NEUE UNIVERSITÄT

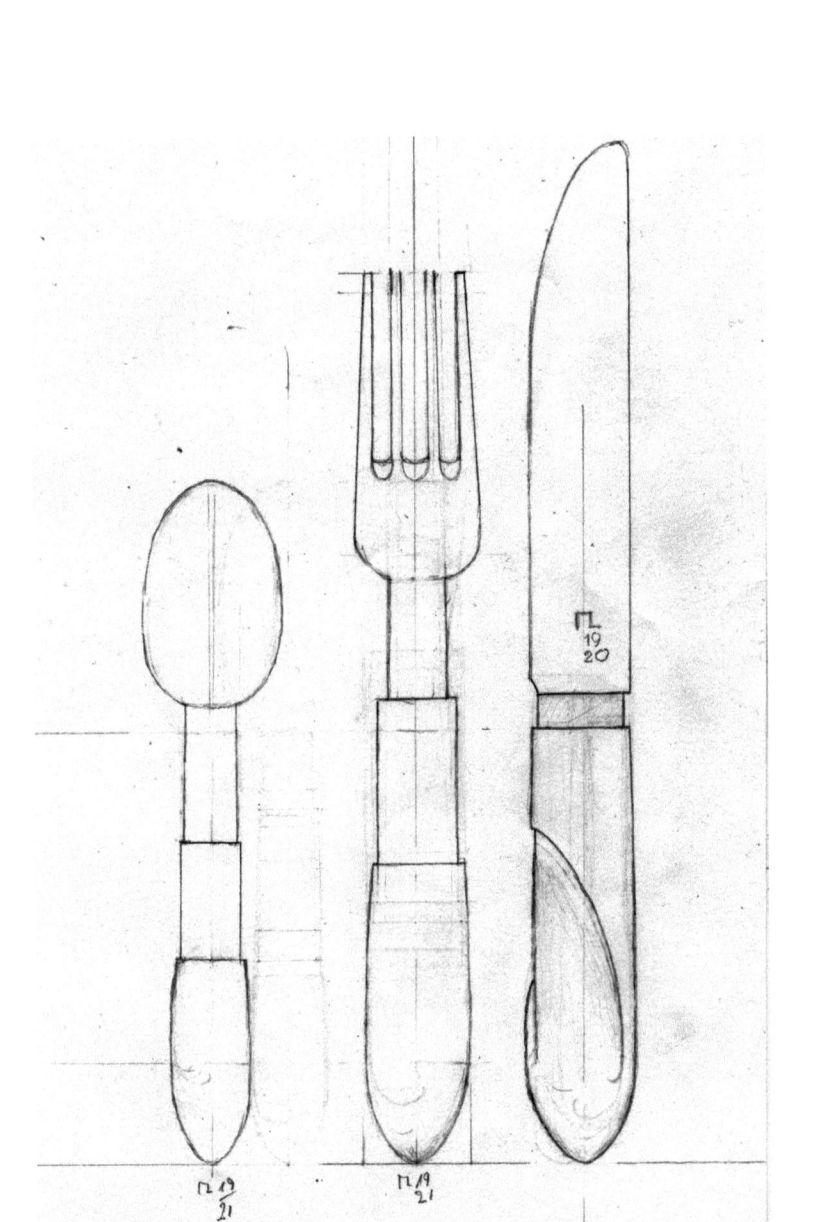

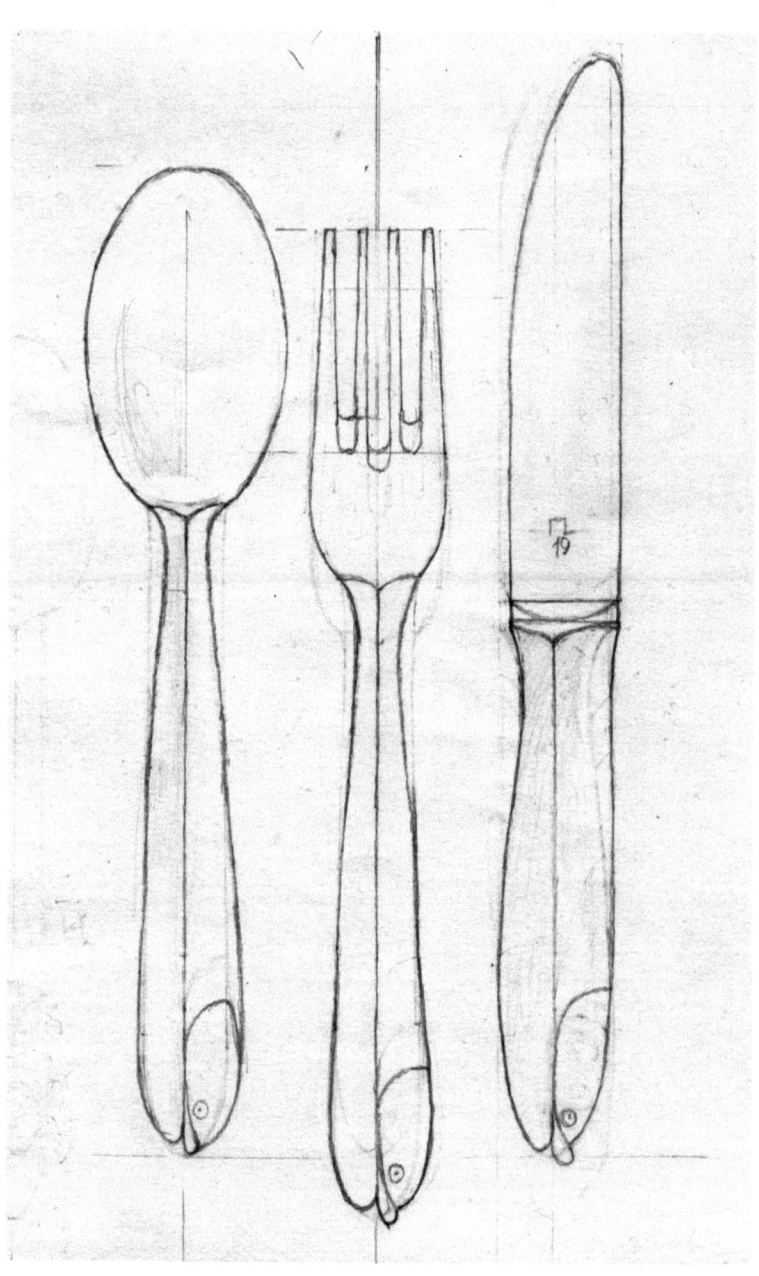

114

2

115

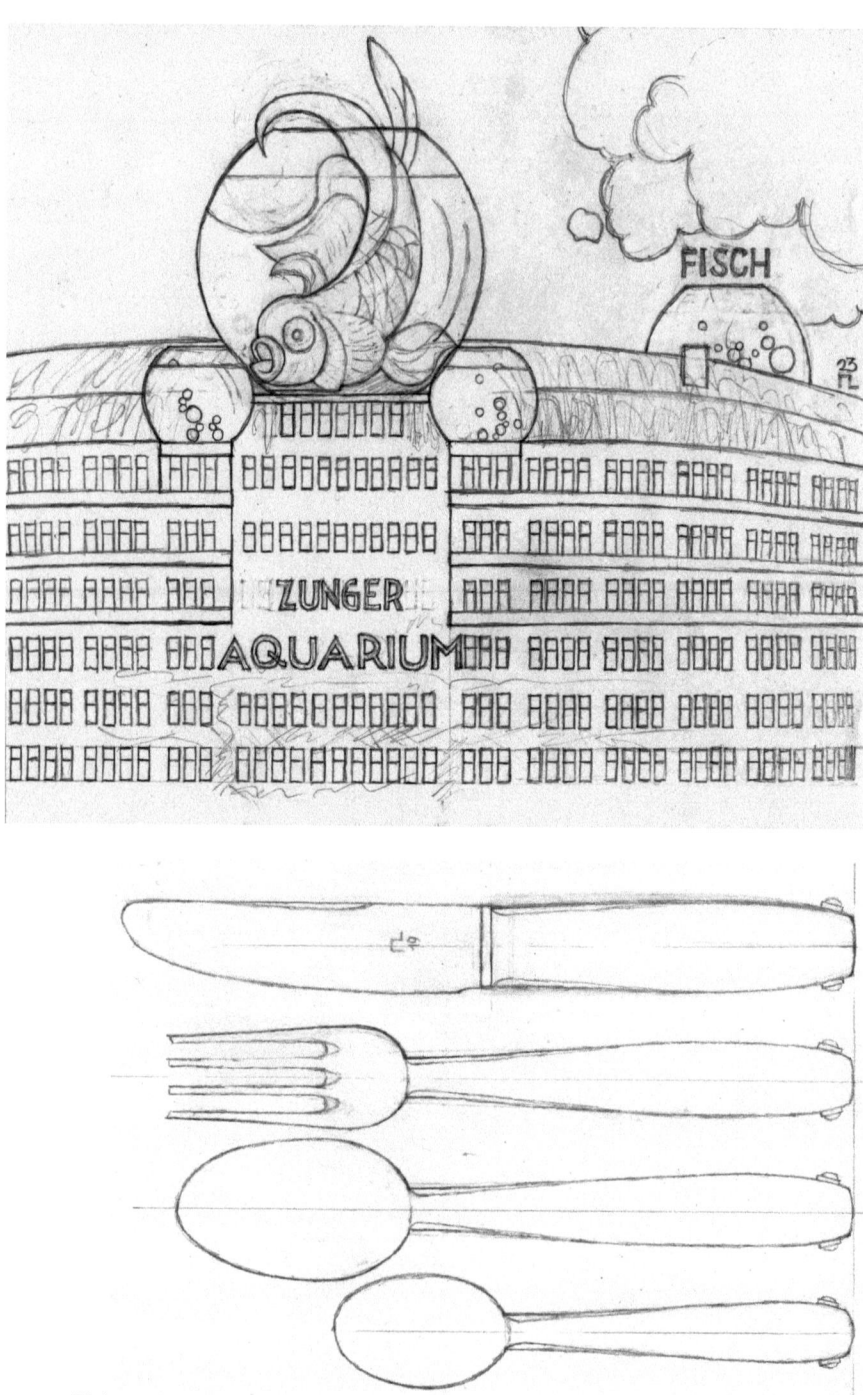

116

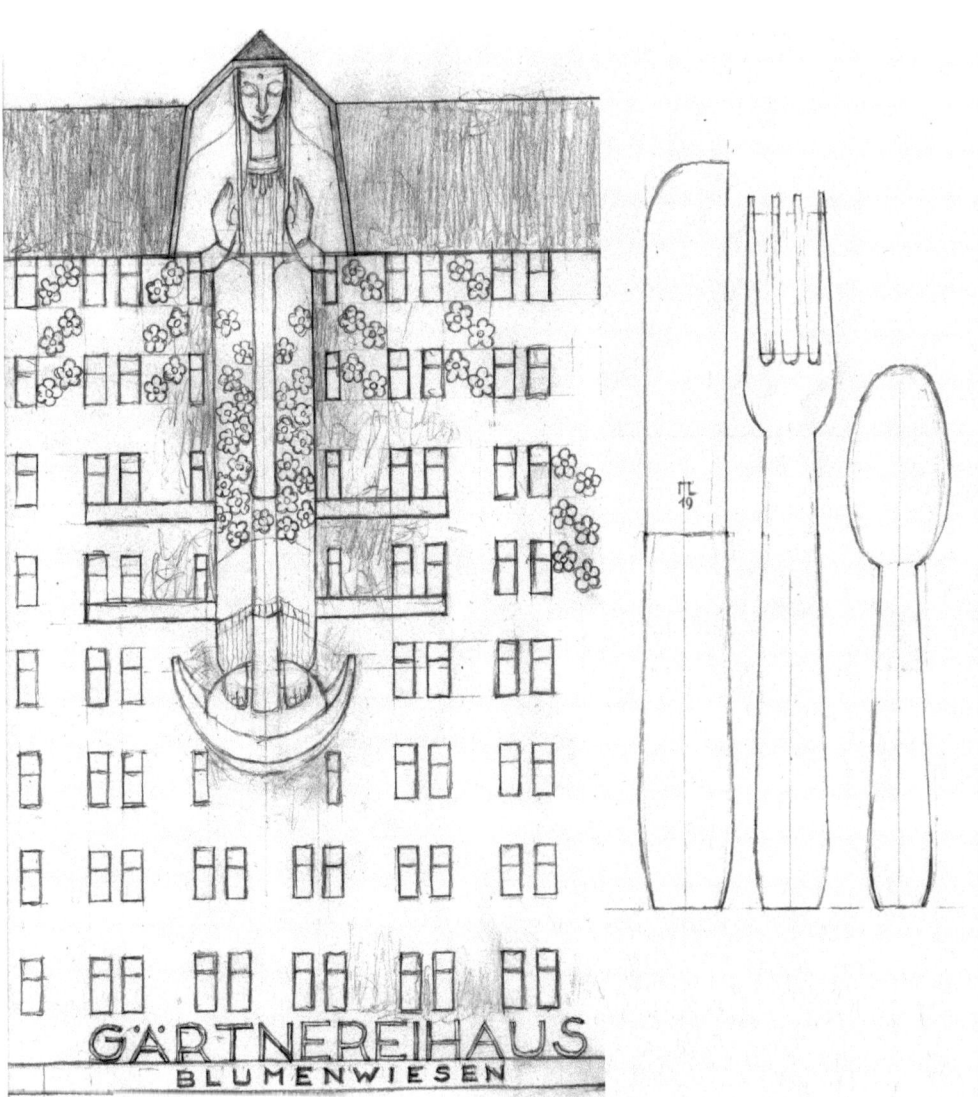

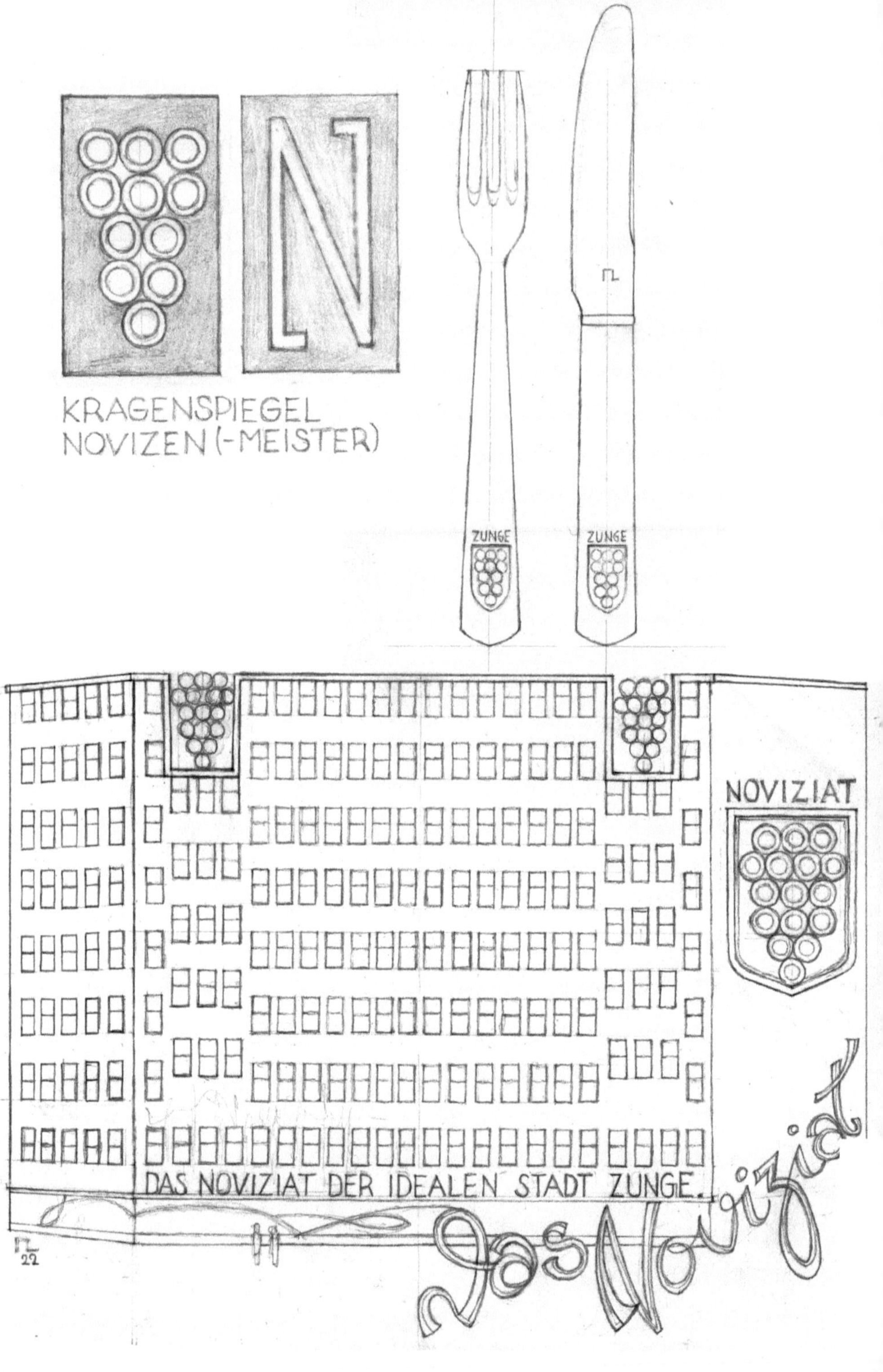

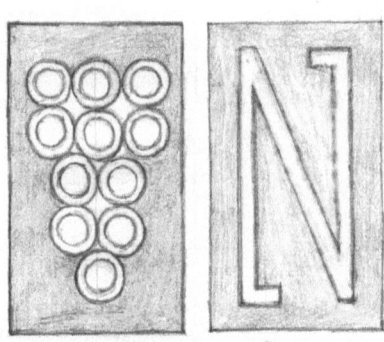

KRAGENSPIEGEL
NOVIZEN (-MEISTER)

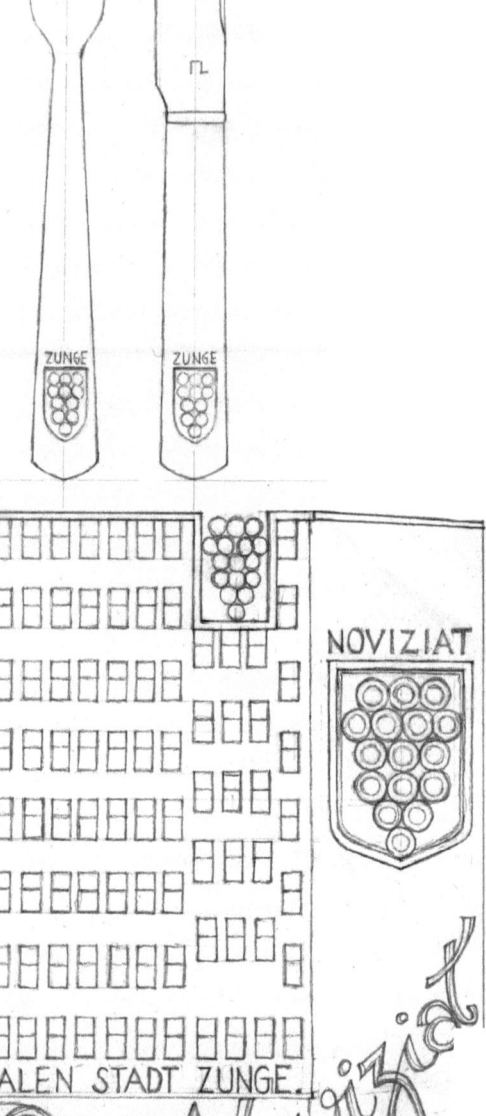

NOVIZIAT

DAS NOVIZIAT DER IDEALEN STADT ZUNGE.

Das Noviziat

119

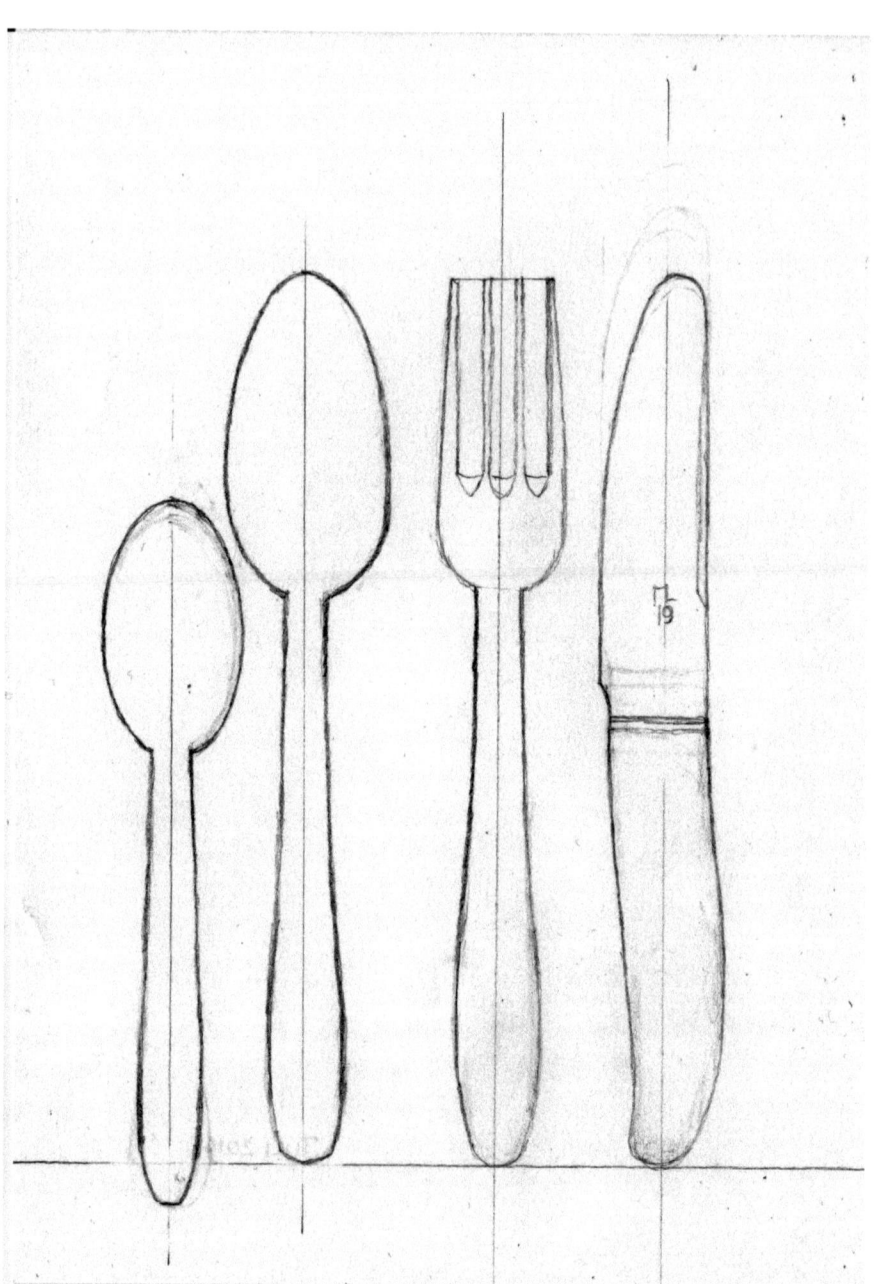

120

BANANEN·HAUS ZUNGE OBST·HANDEL

123

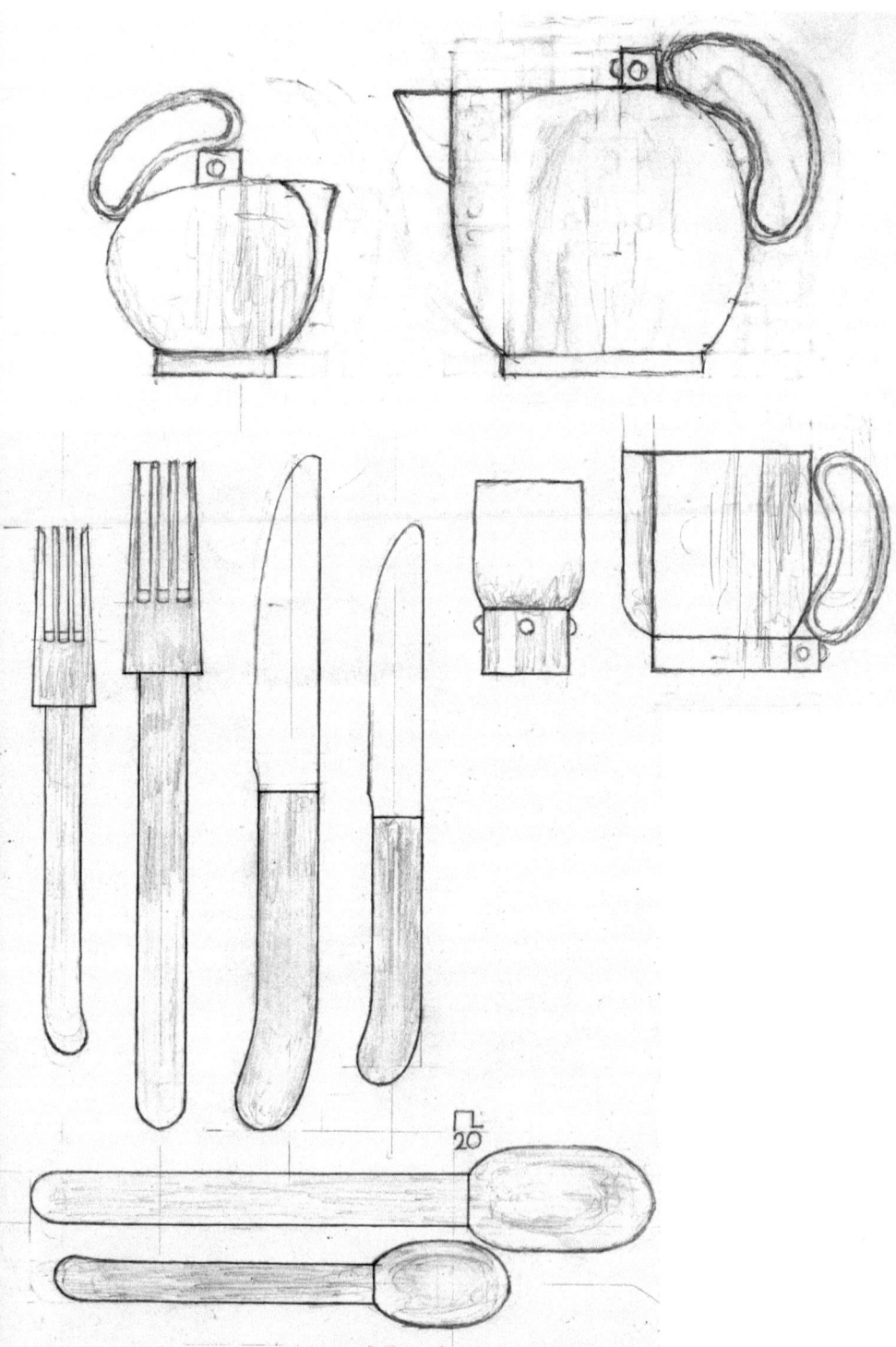

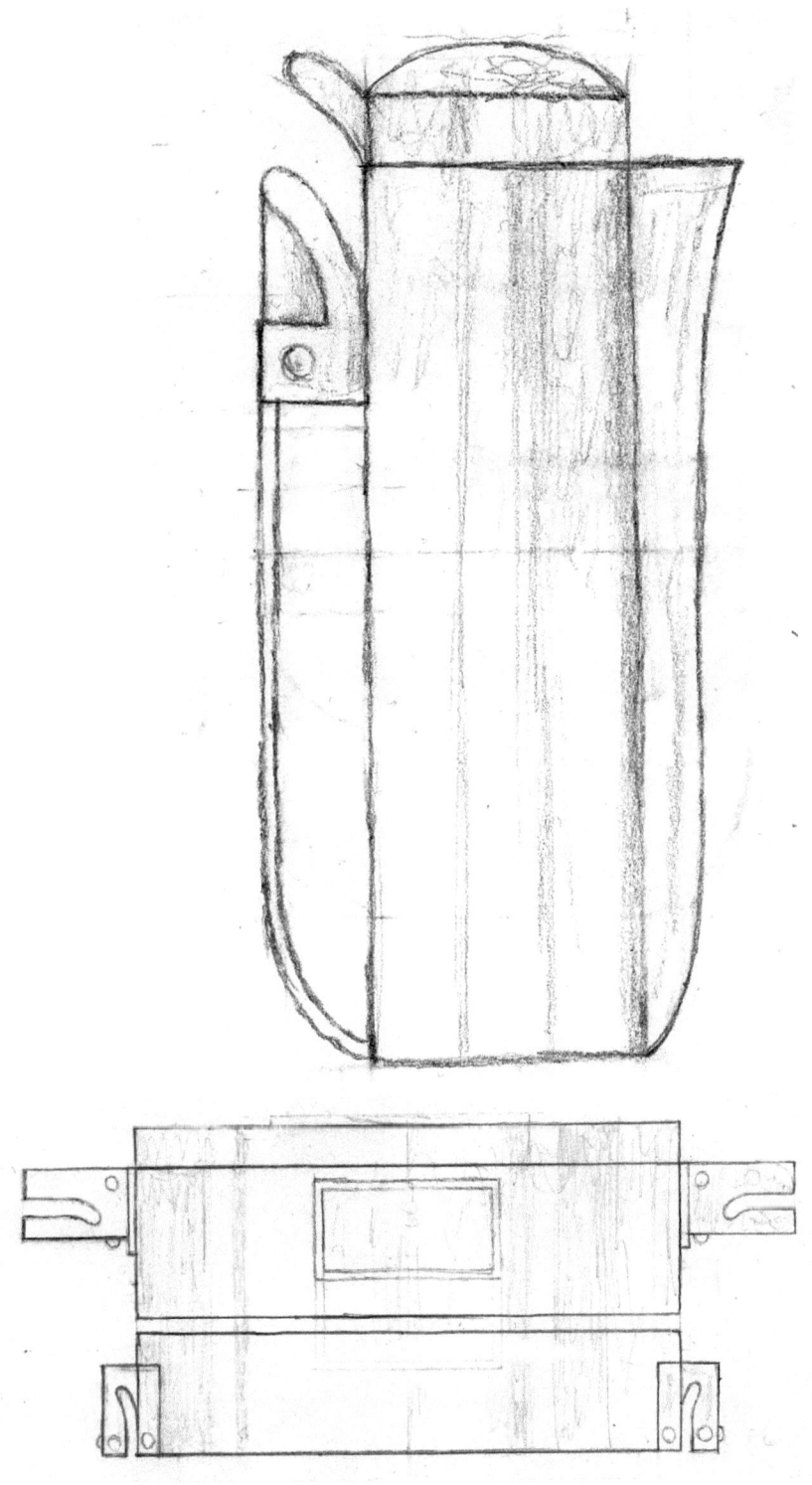

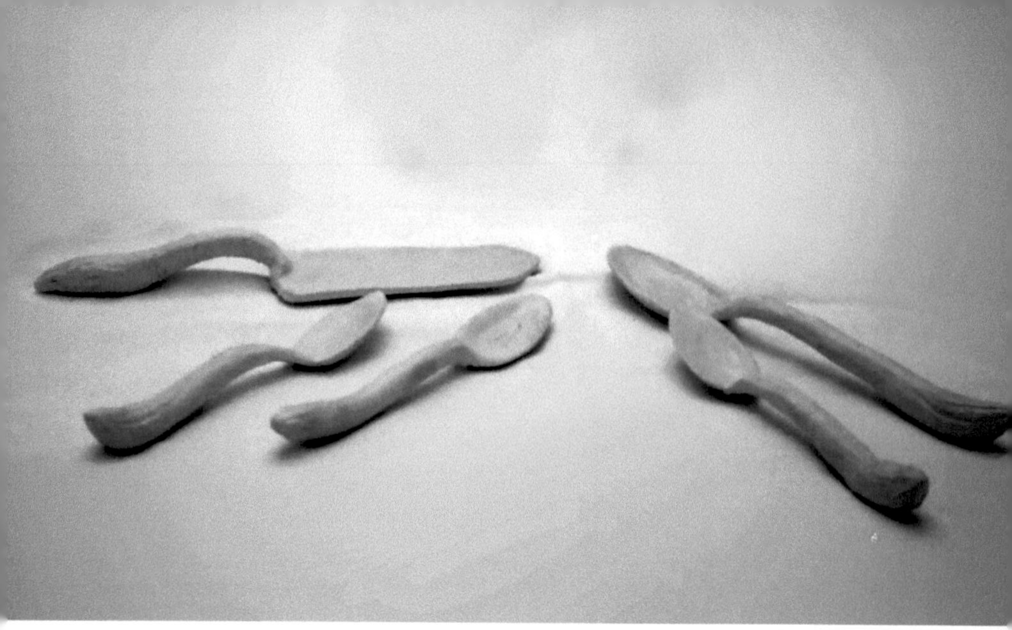

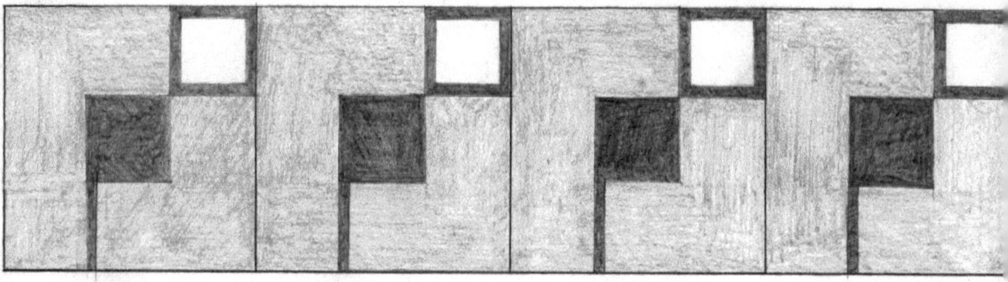

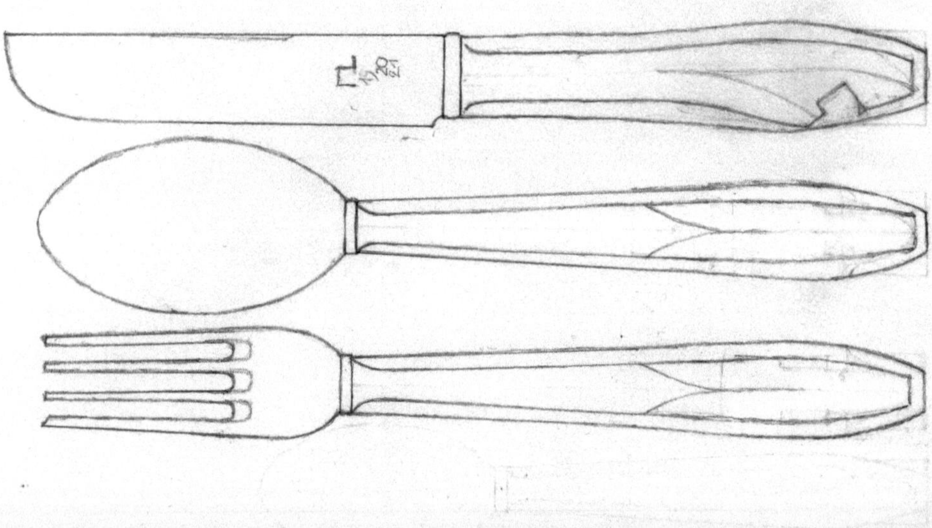

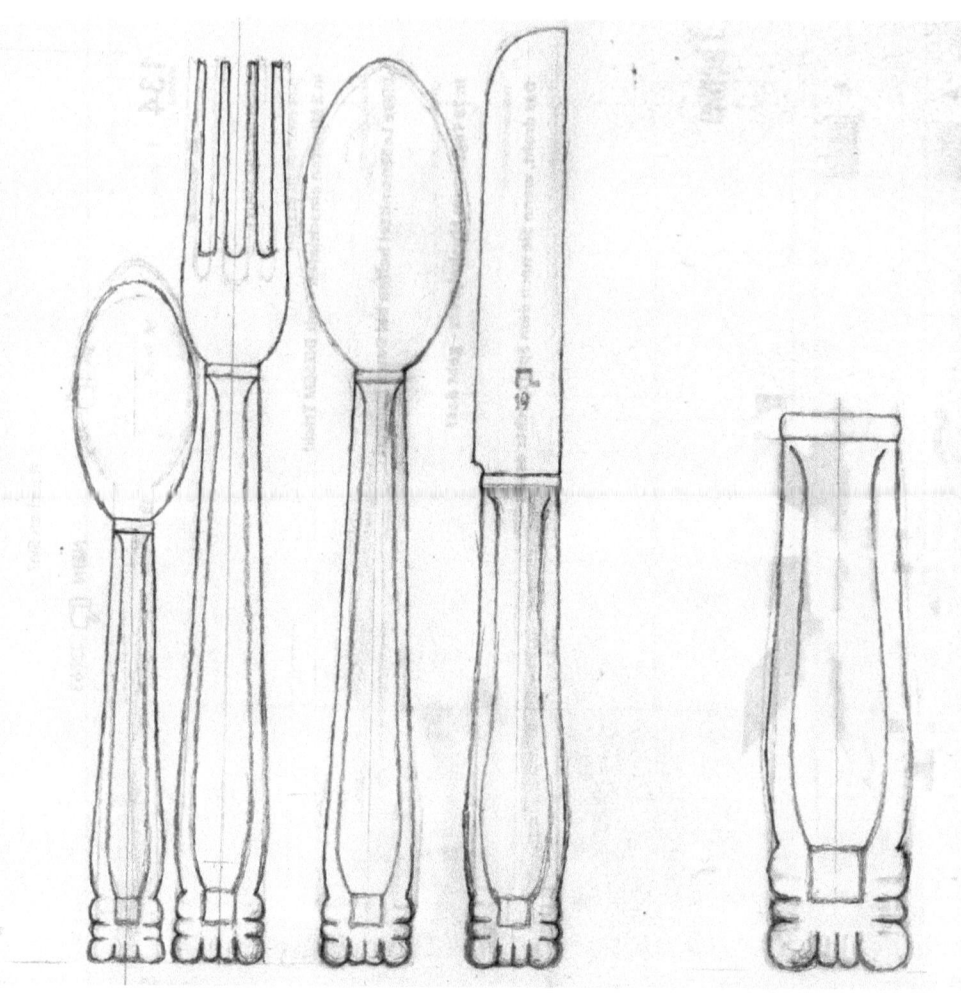

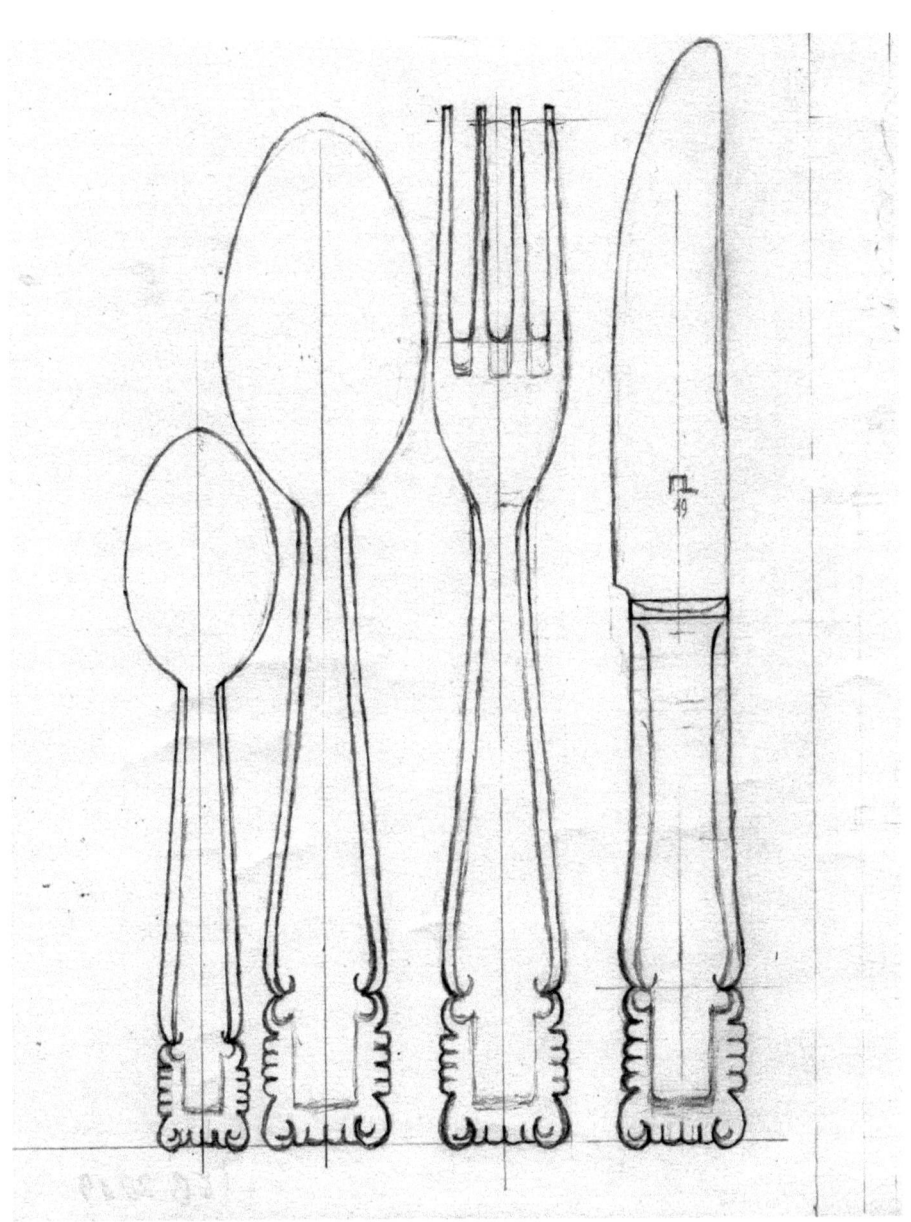

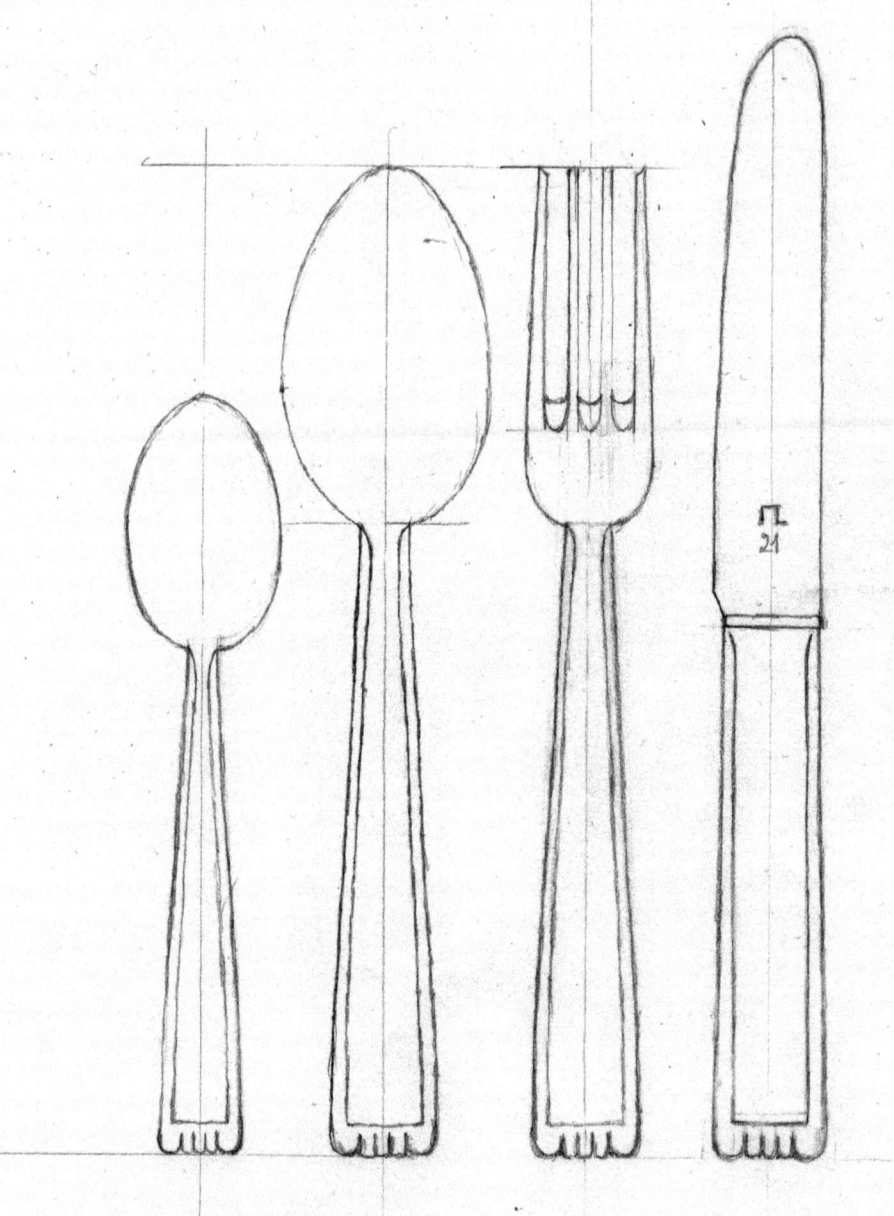

ACHTSAMKEITS-BESTECK

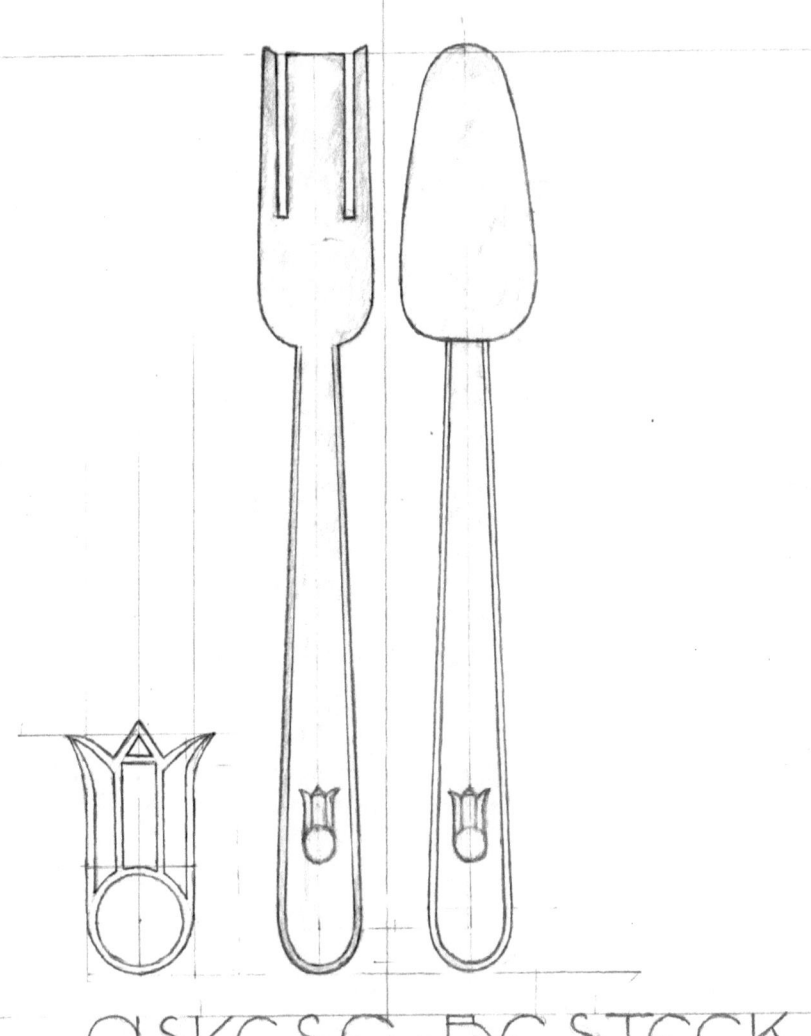

ASKESE-BESTECK
FÜR LANGSAMES ESSEN

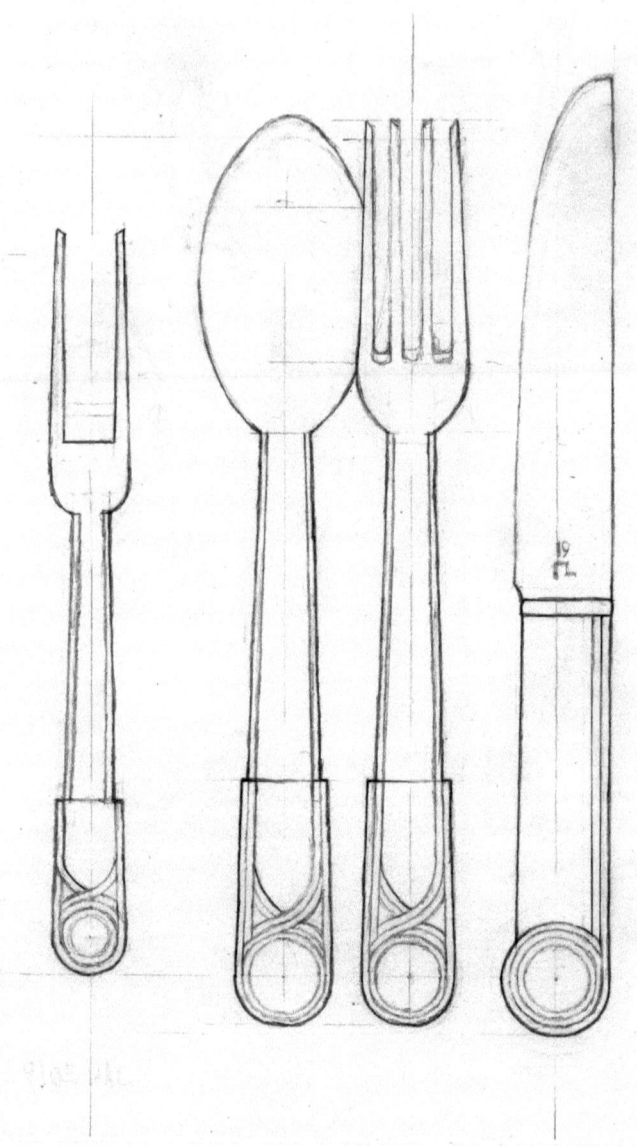

134

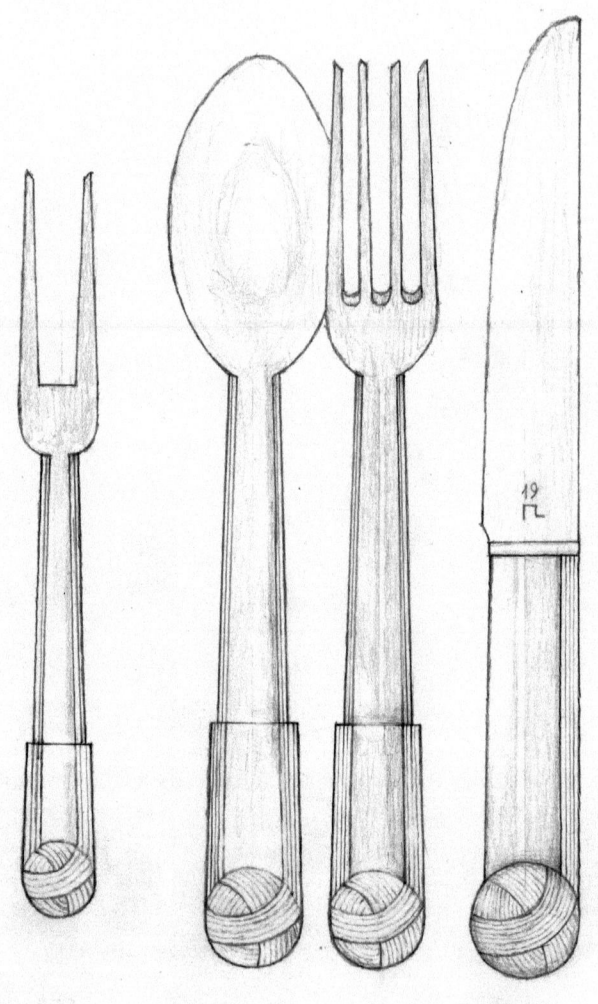

140

SILBER • JESUS-APOTHEKE • EINGANG • SEIFEN

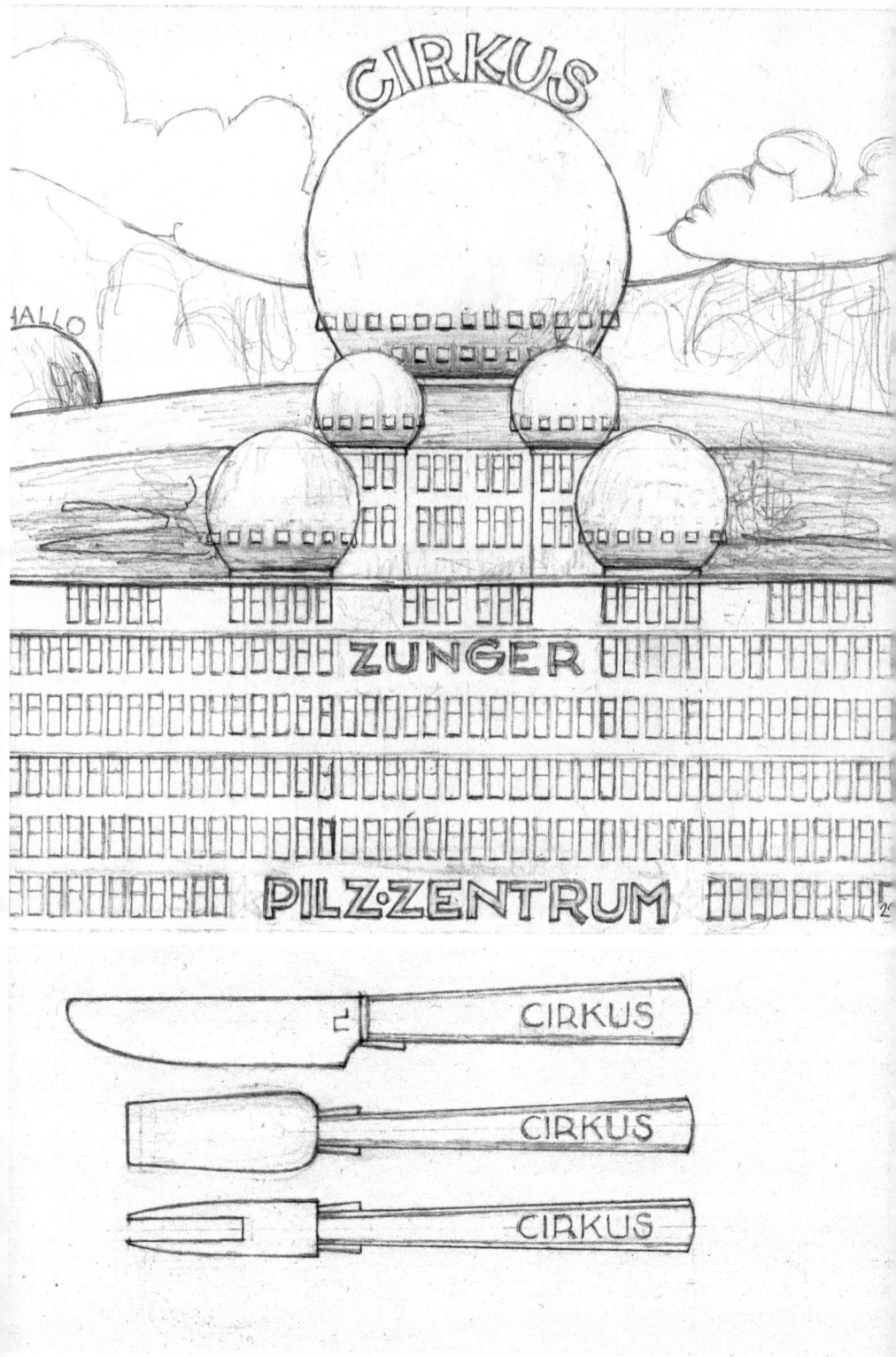

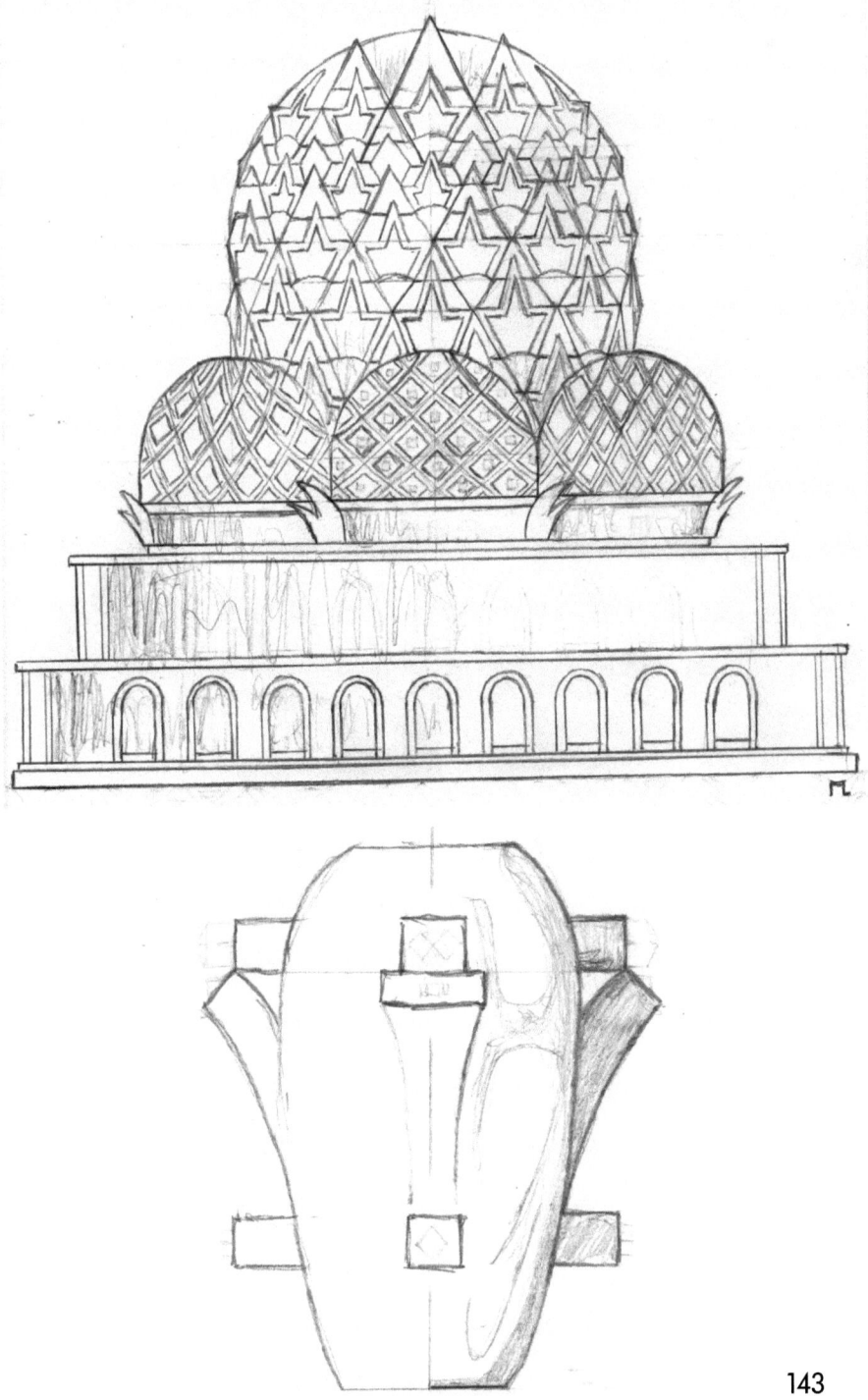

143

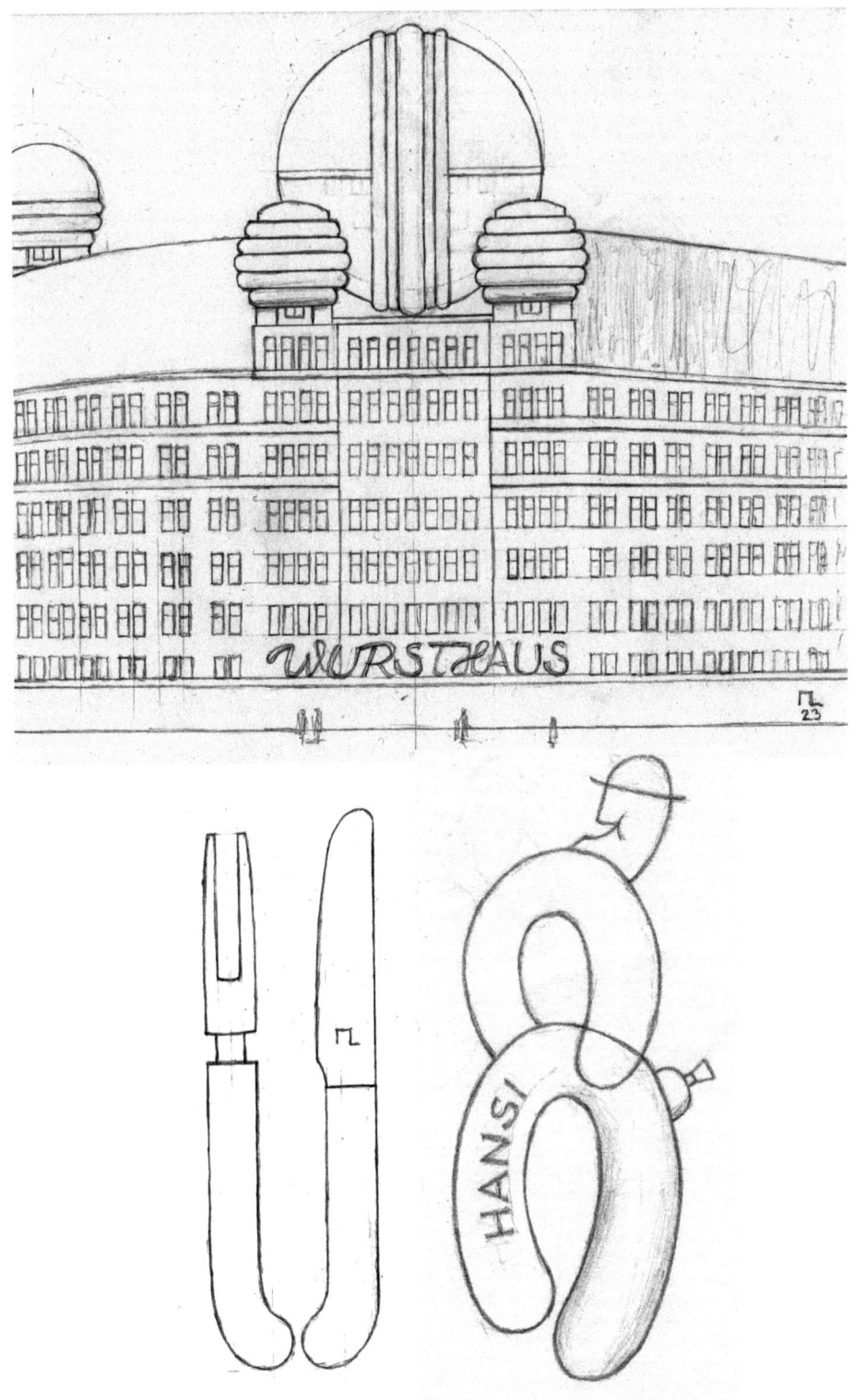

ZUNGER REKLAME AN FASSADEN ZZZ

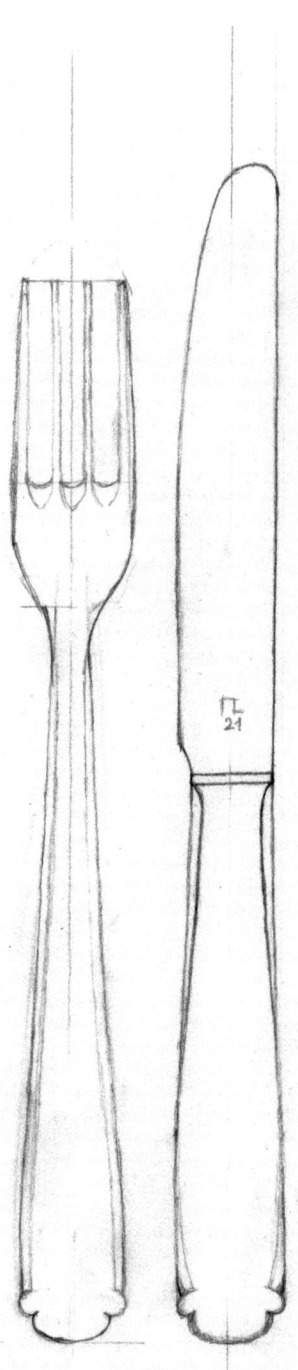

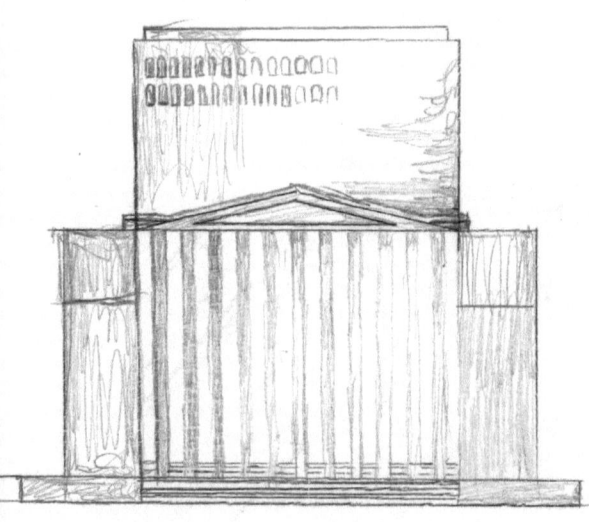

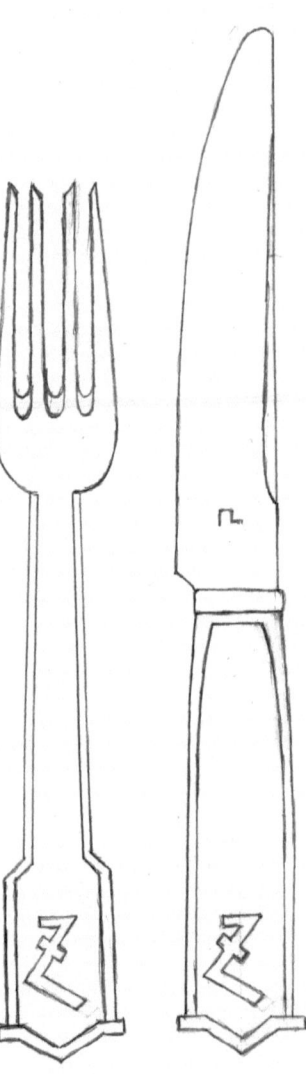

150

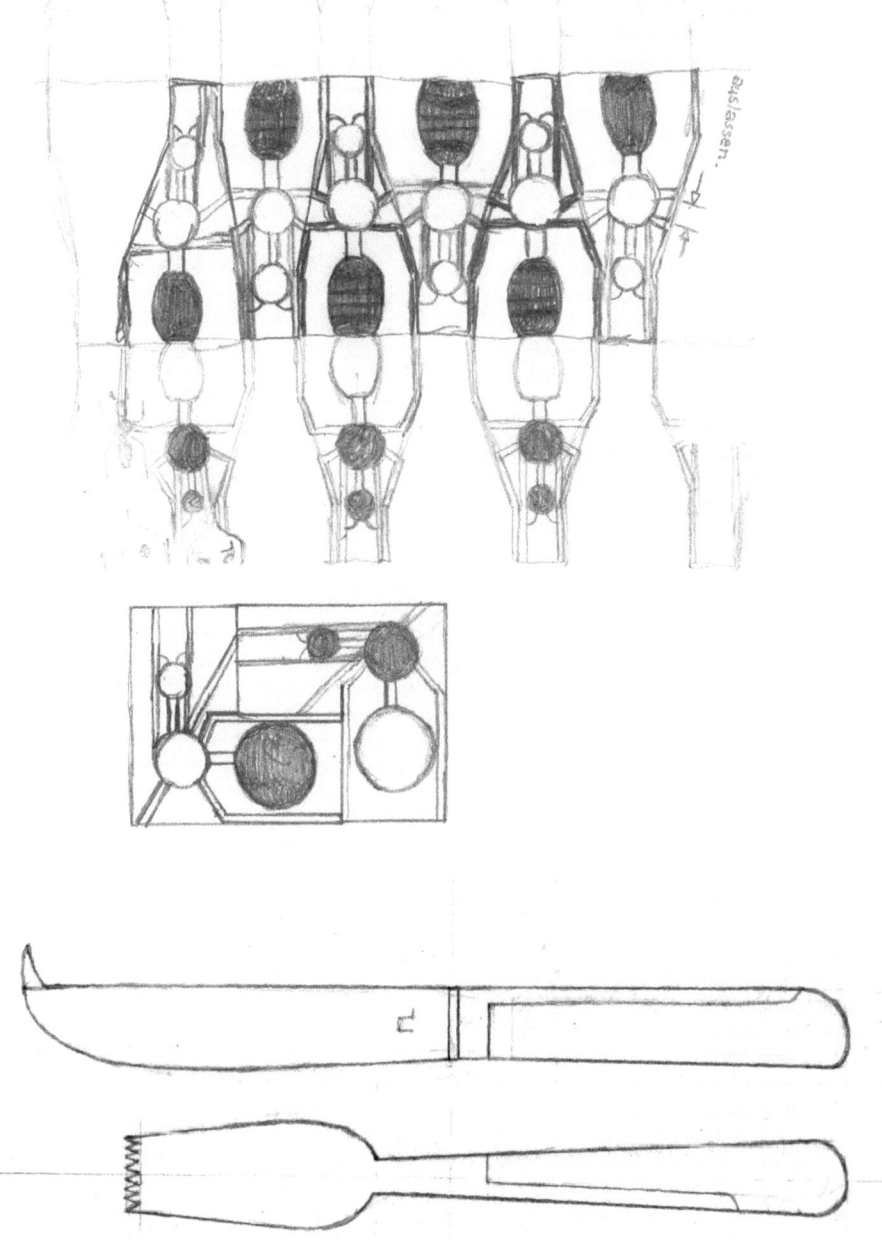

TL22. NEUES ZUNGER INSEKTEN-BESTECK

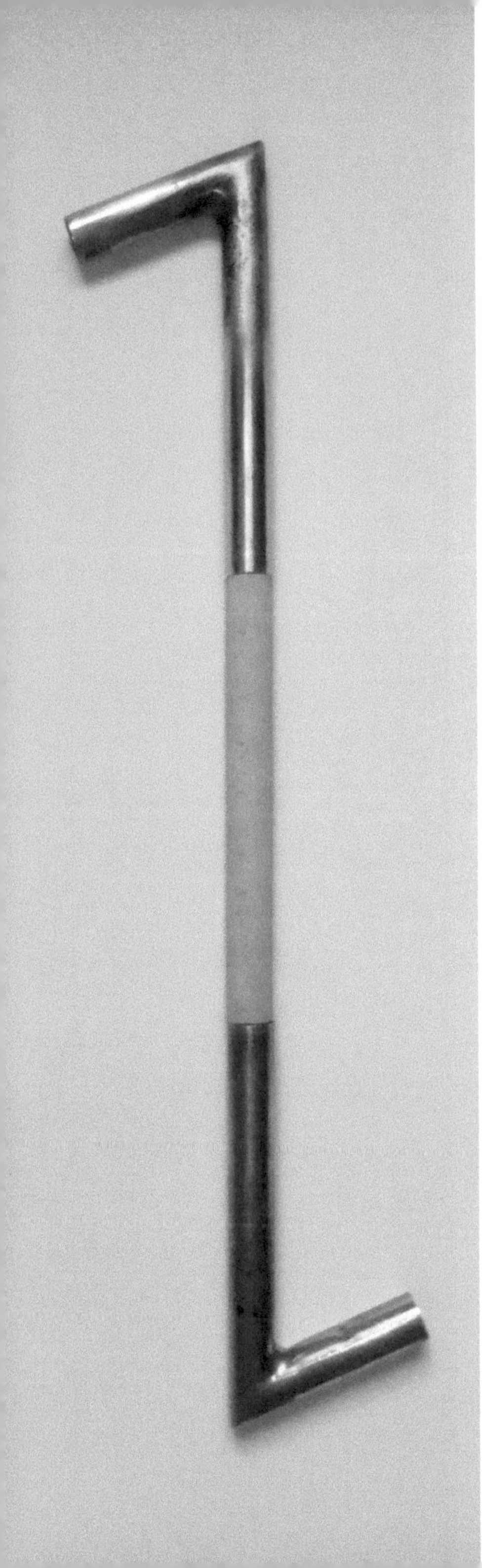

KRAGENSPIEGEL AMTSLEITER

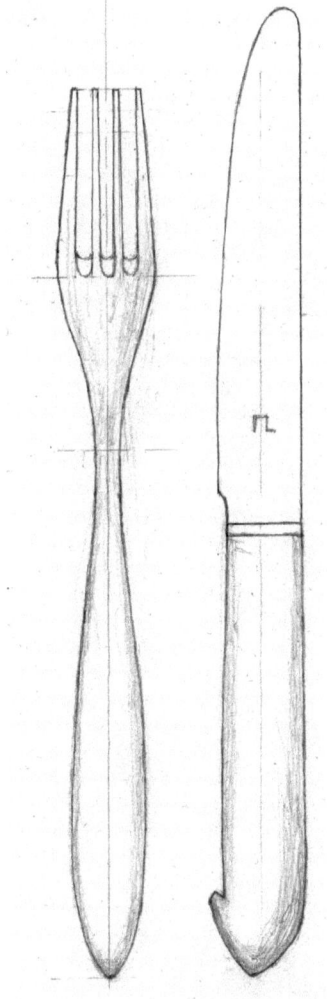

BESTECK f. AMTSLEITUNG

2020

154

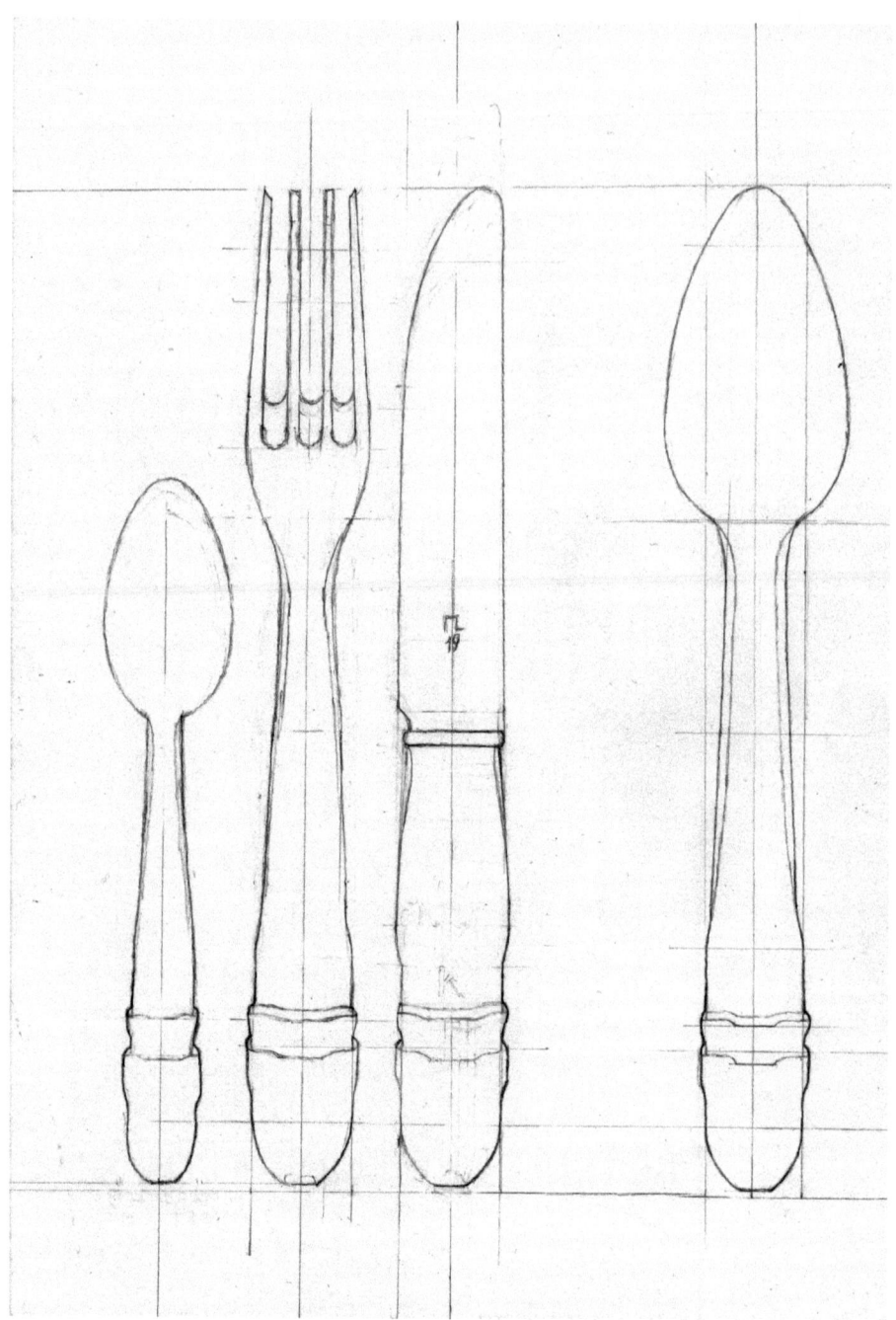

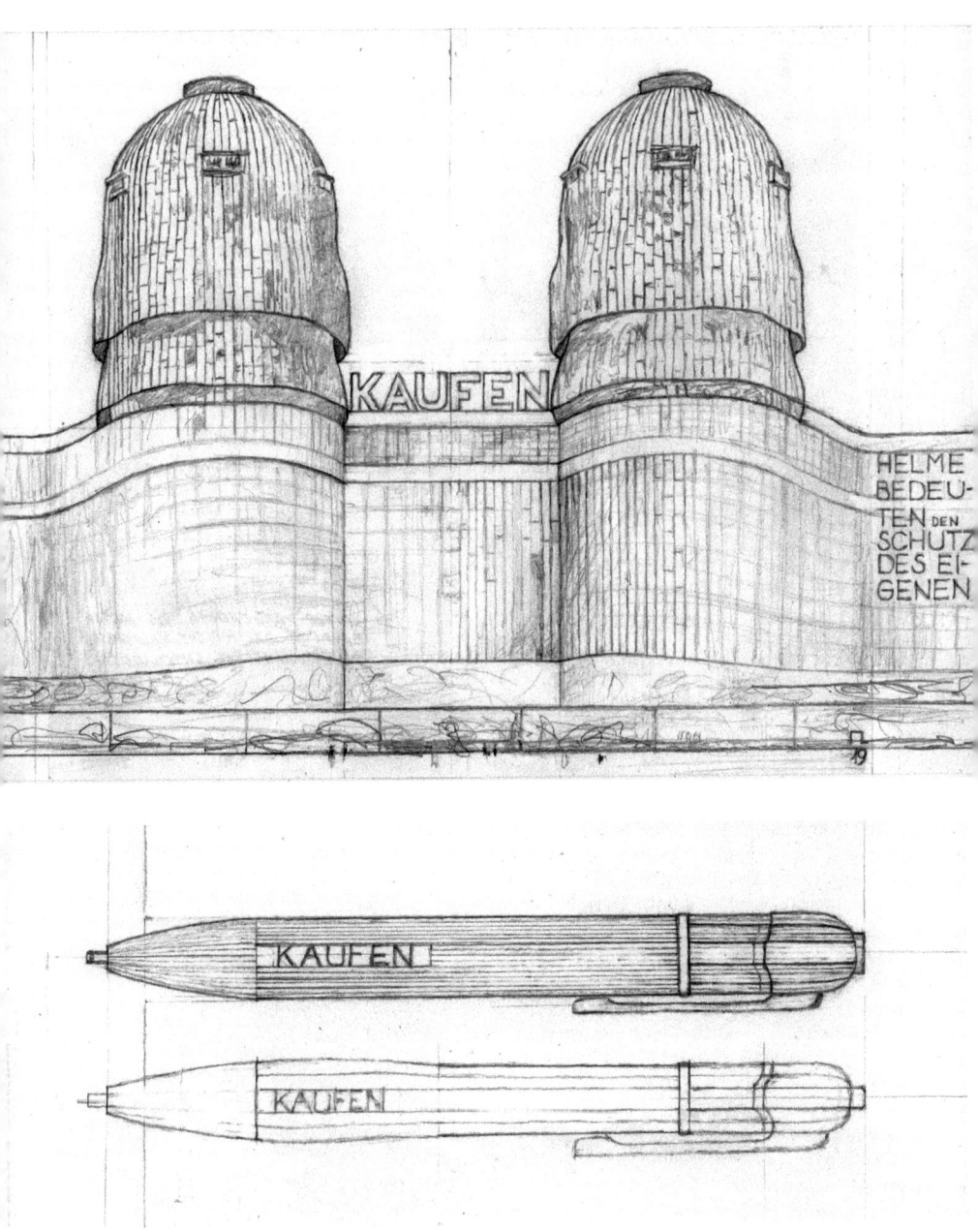

KAUFEN

HELME
BEDEU-
TEN DEN
SCHUTZ
DES EI-
GENEN

KAUFEN

KAUFEN

157

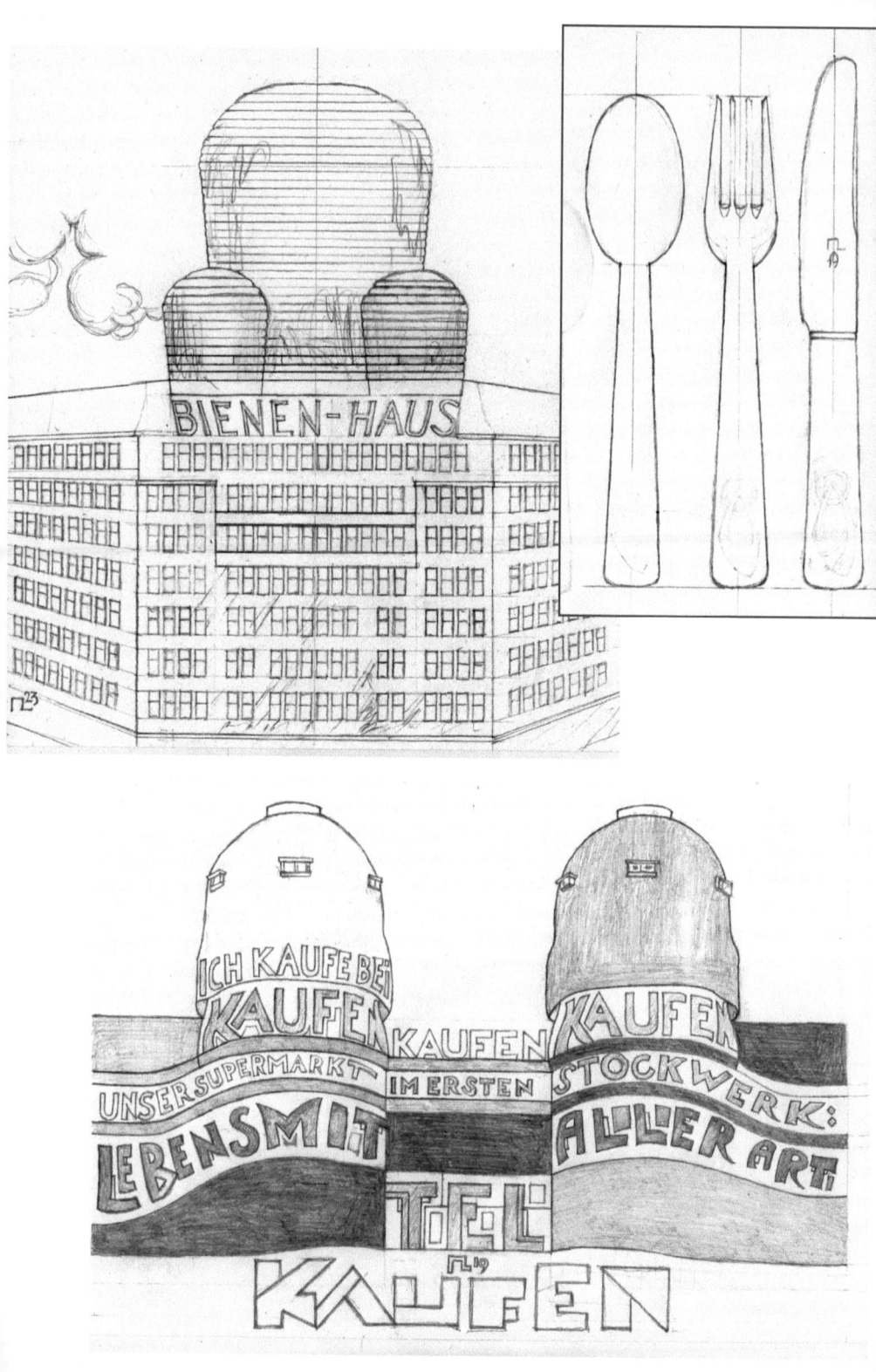

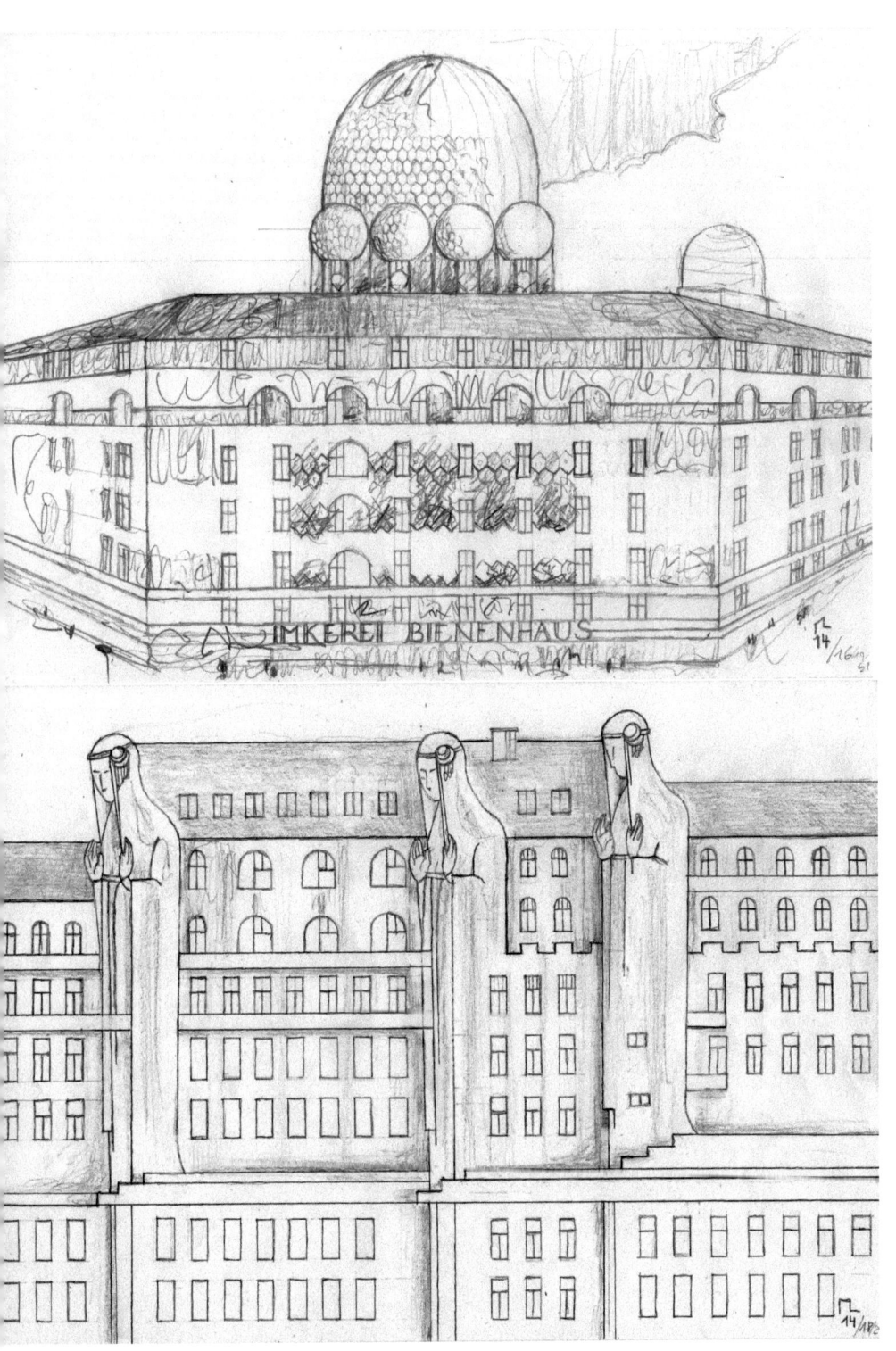

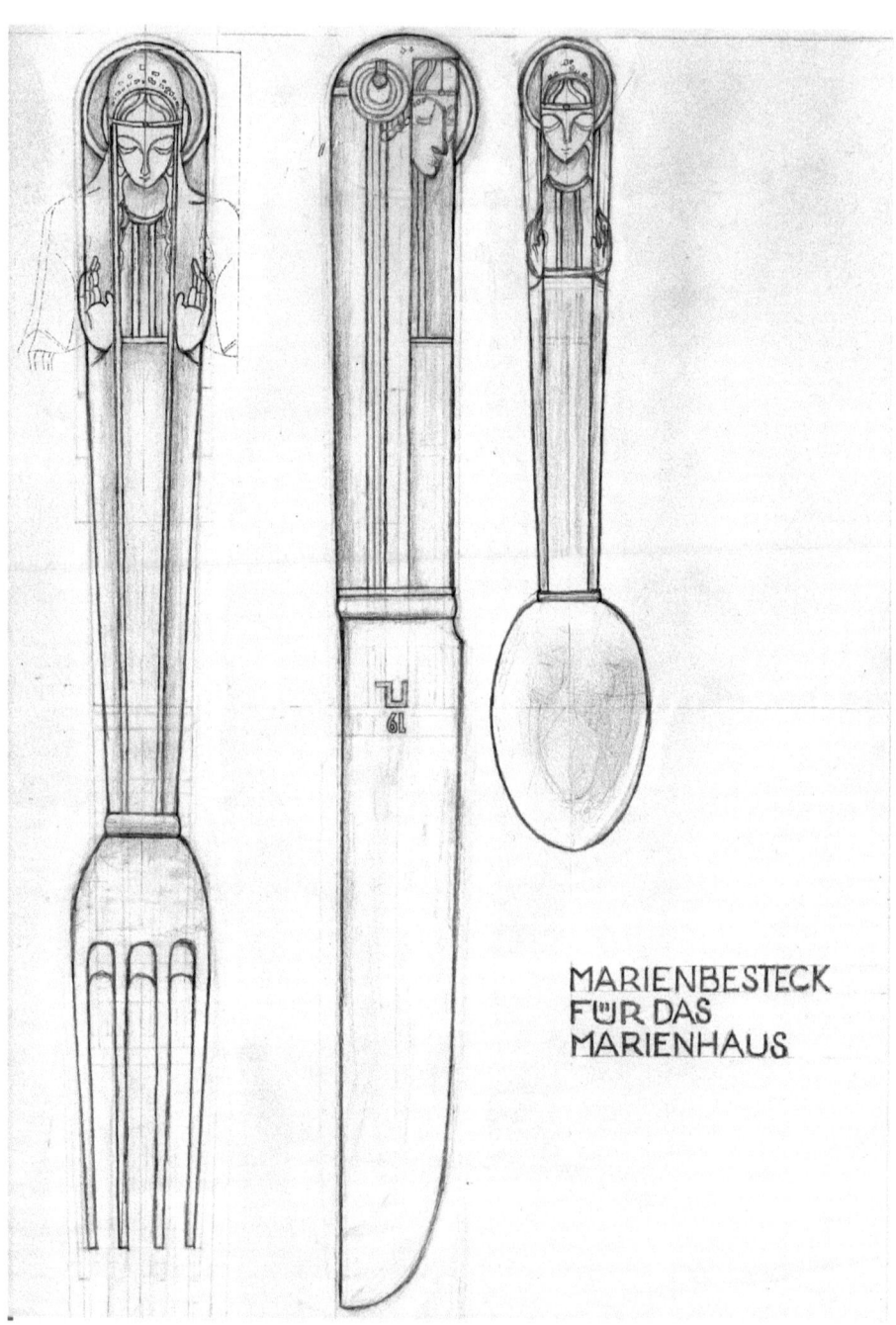

MARIENBESTECK
FÜR DAS
MARIENHAUS

160

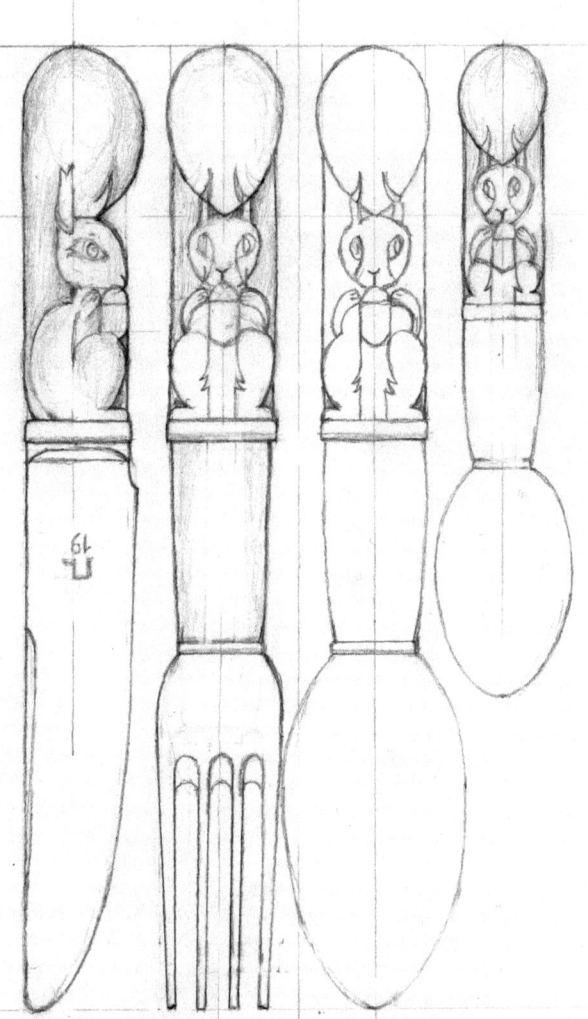

KINDERBESTECK "EICHHÖRNCHEN"

ZAHLE MIT
ZUNGEN-MARK

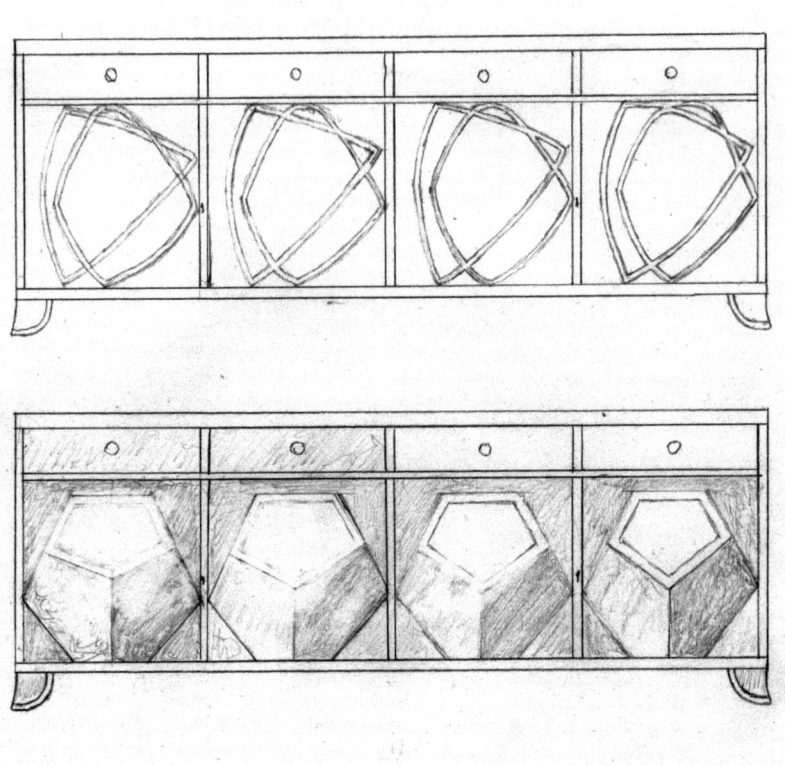

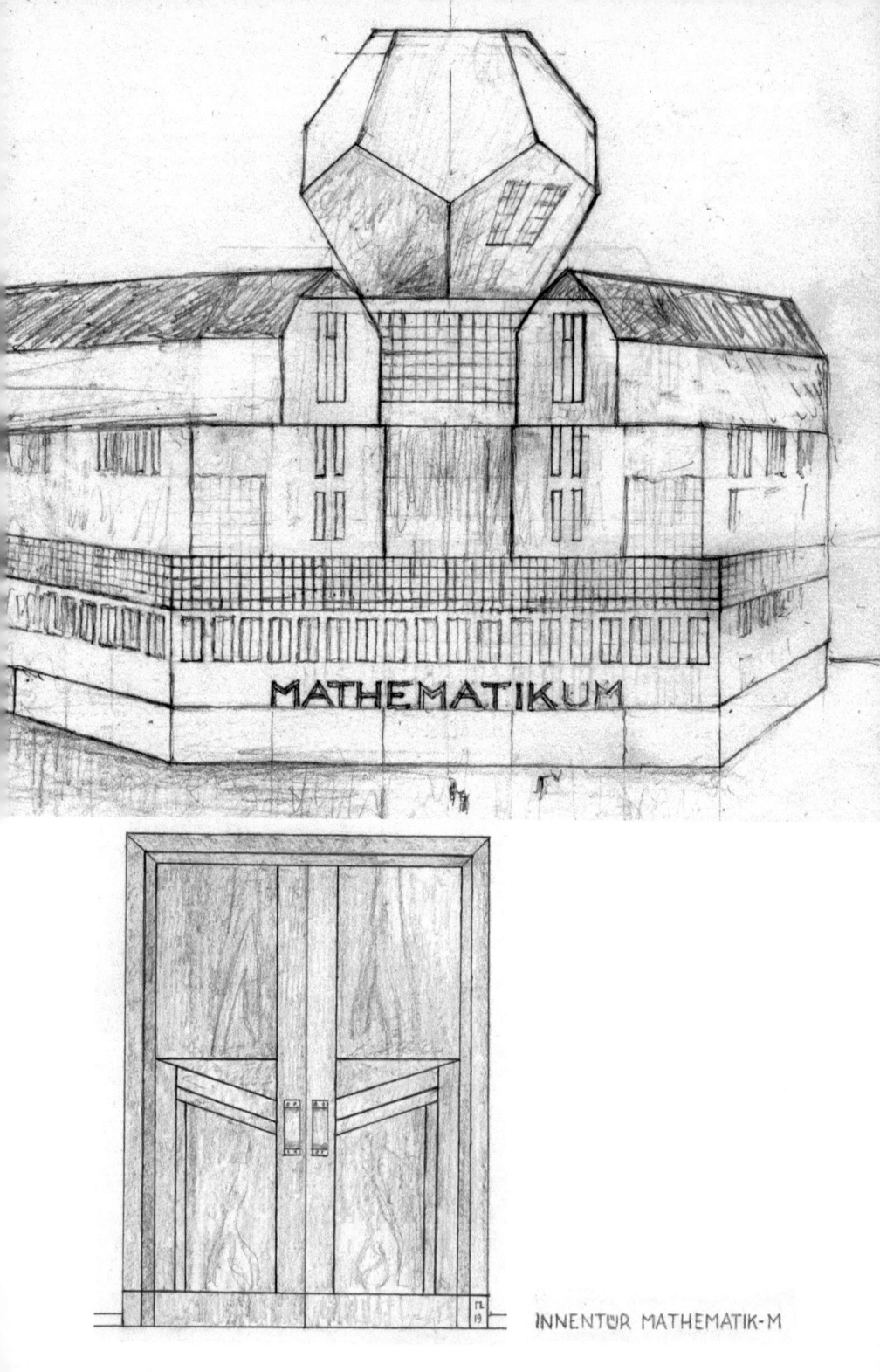

MATHEMATIKUM

INNENTÜR MATHEMATIK-M

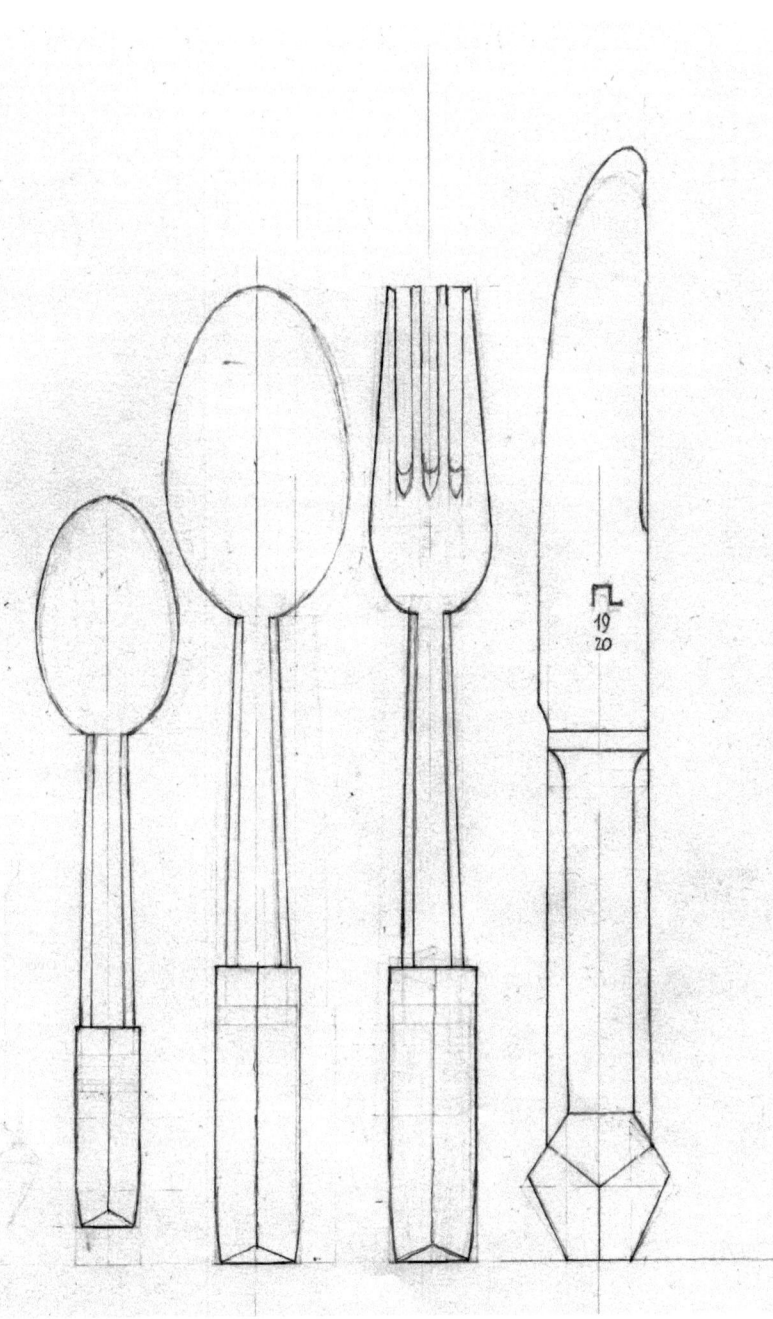

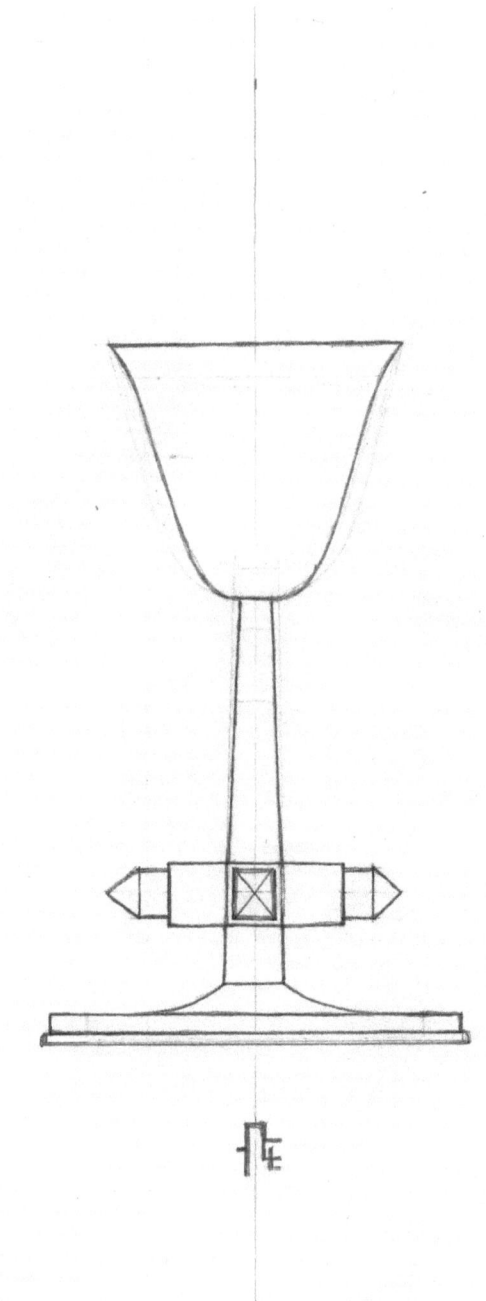

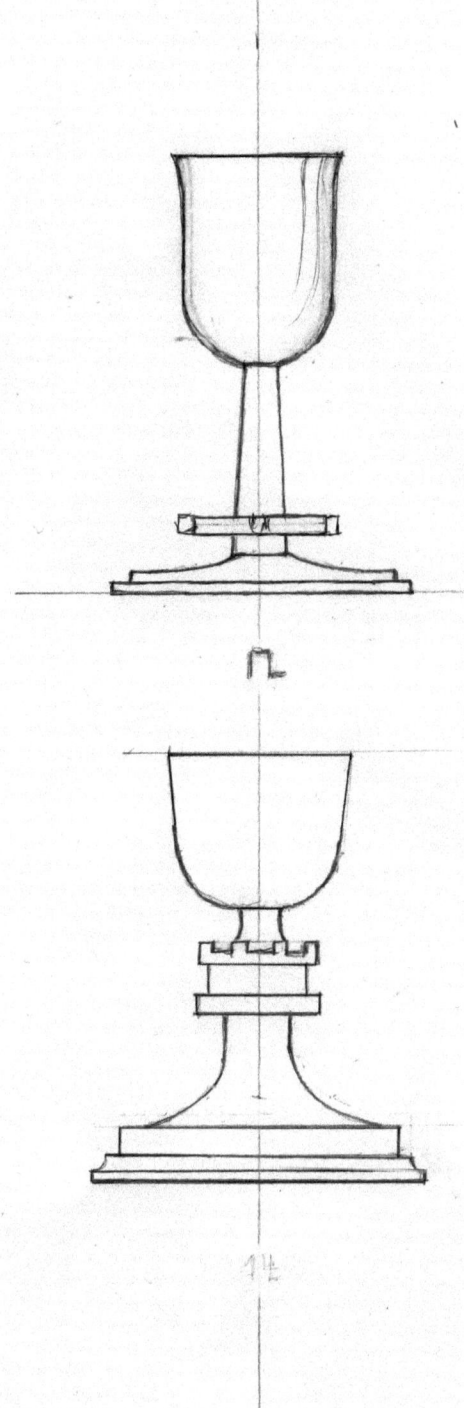

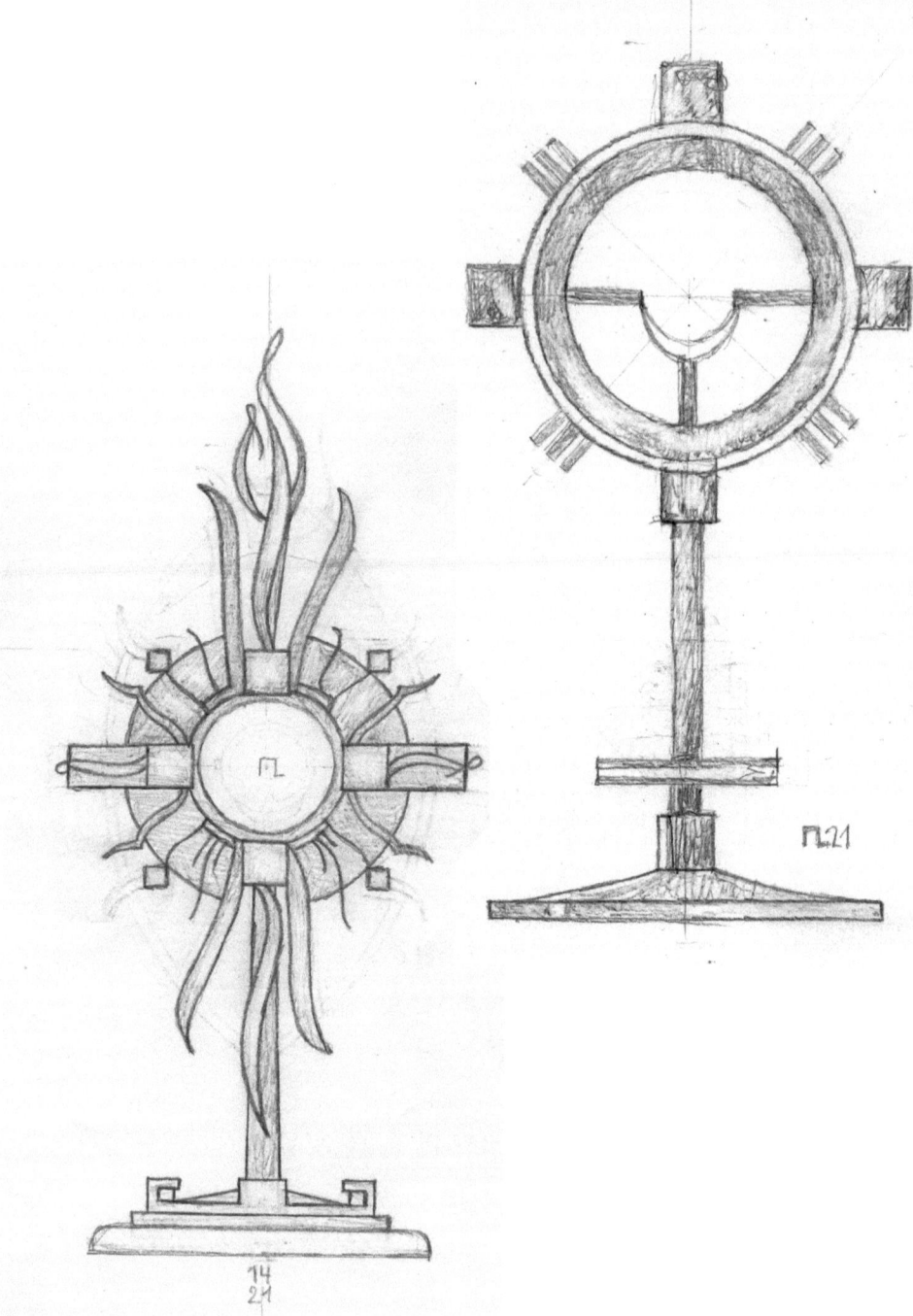

174

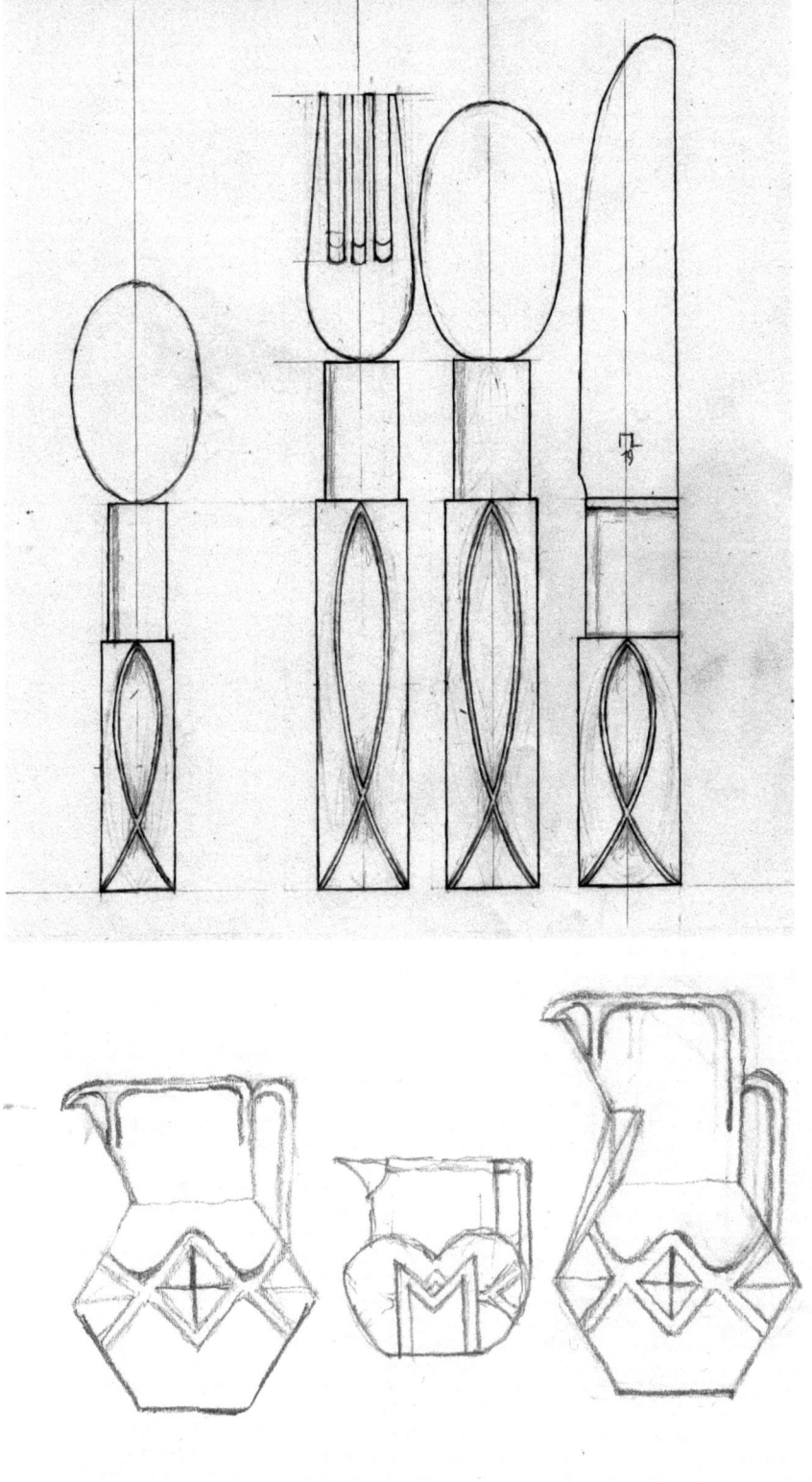

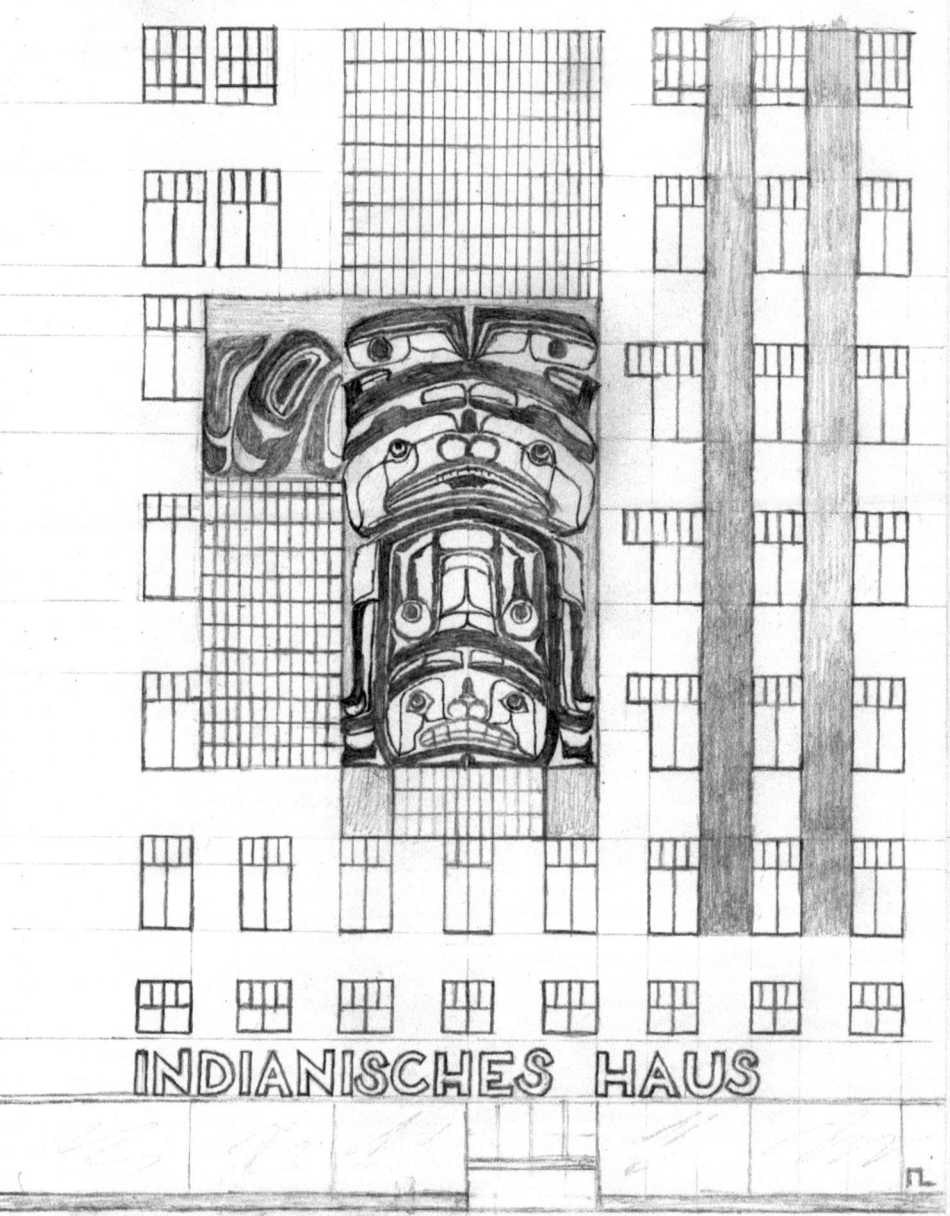

INDIANISCHES HAUS

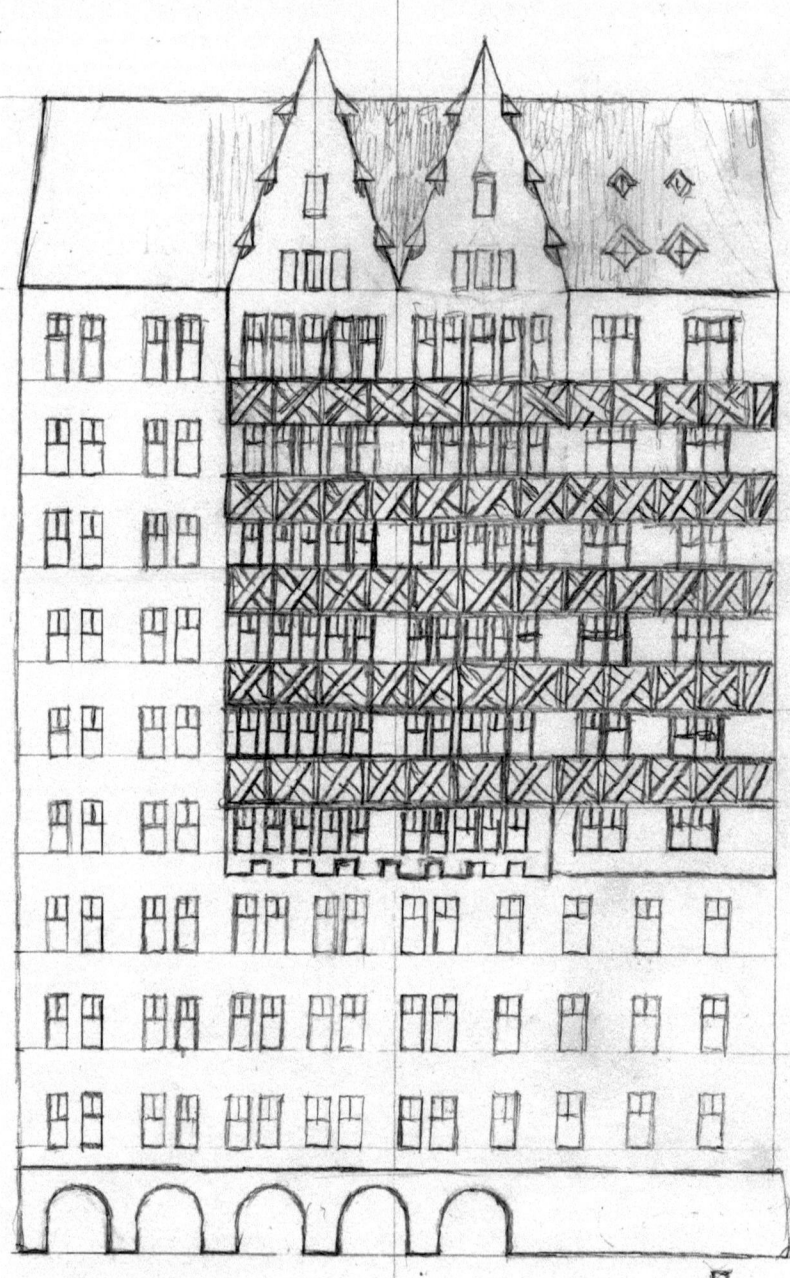

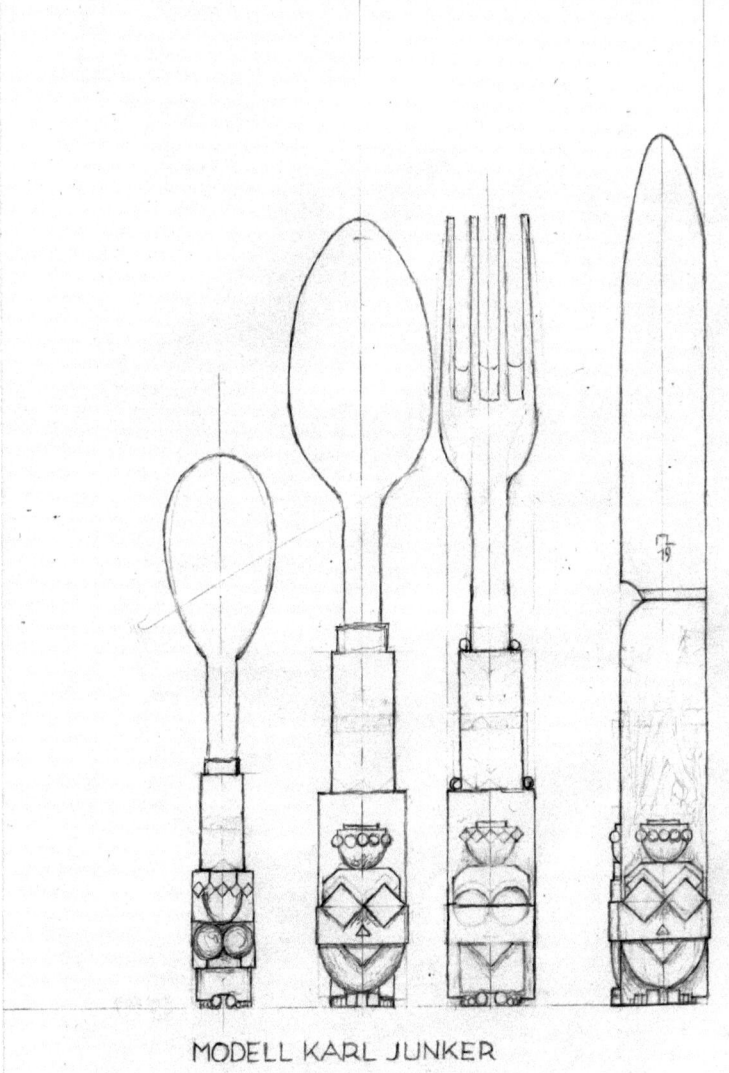

MODELL KARL JUNKER

SCHWIMMHALLE ZUNGE
22

22
Schwimmhalle

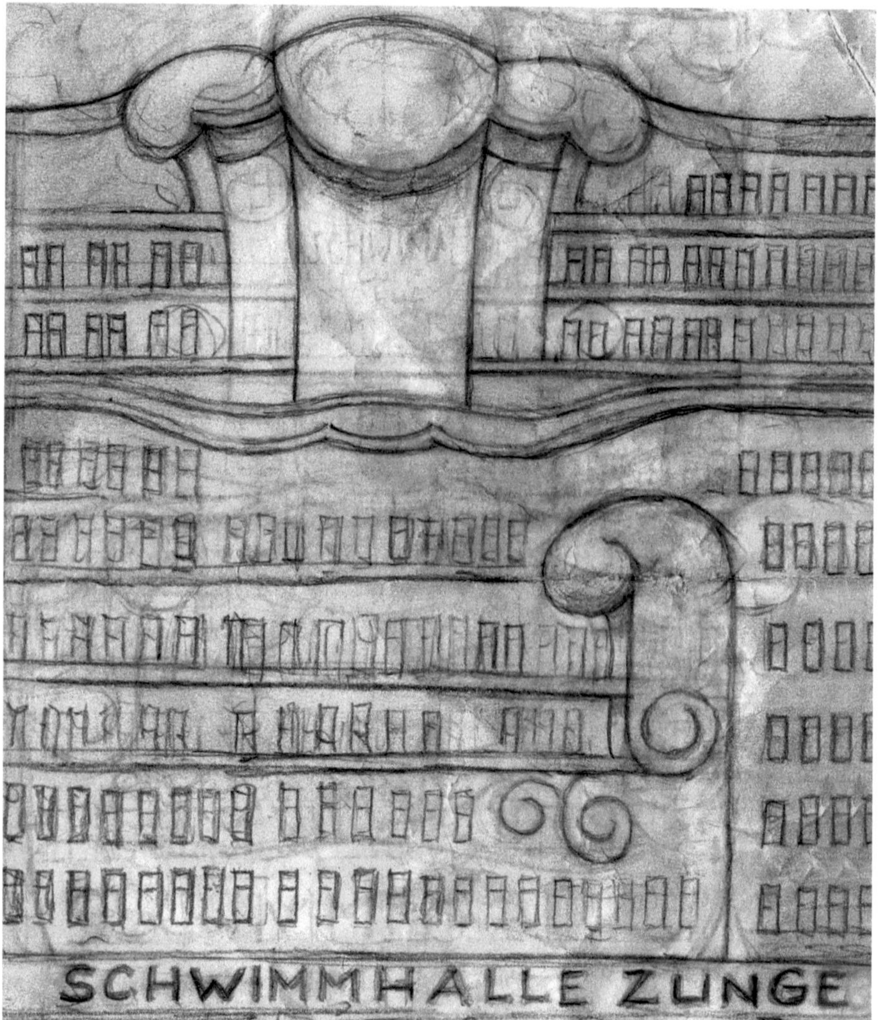

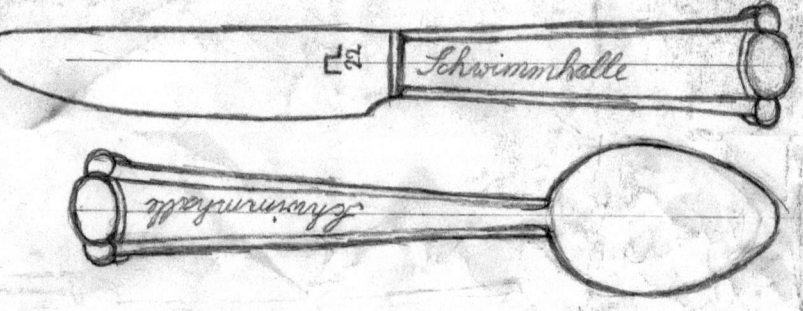

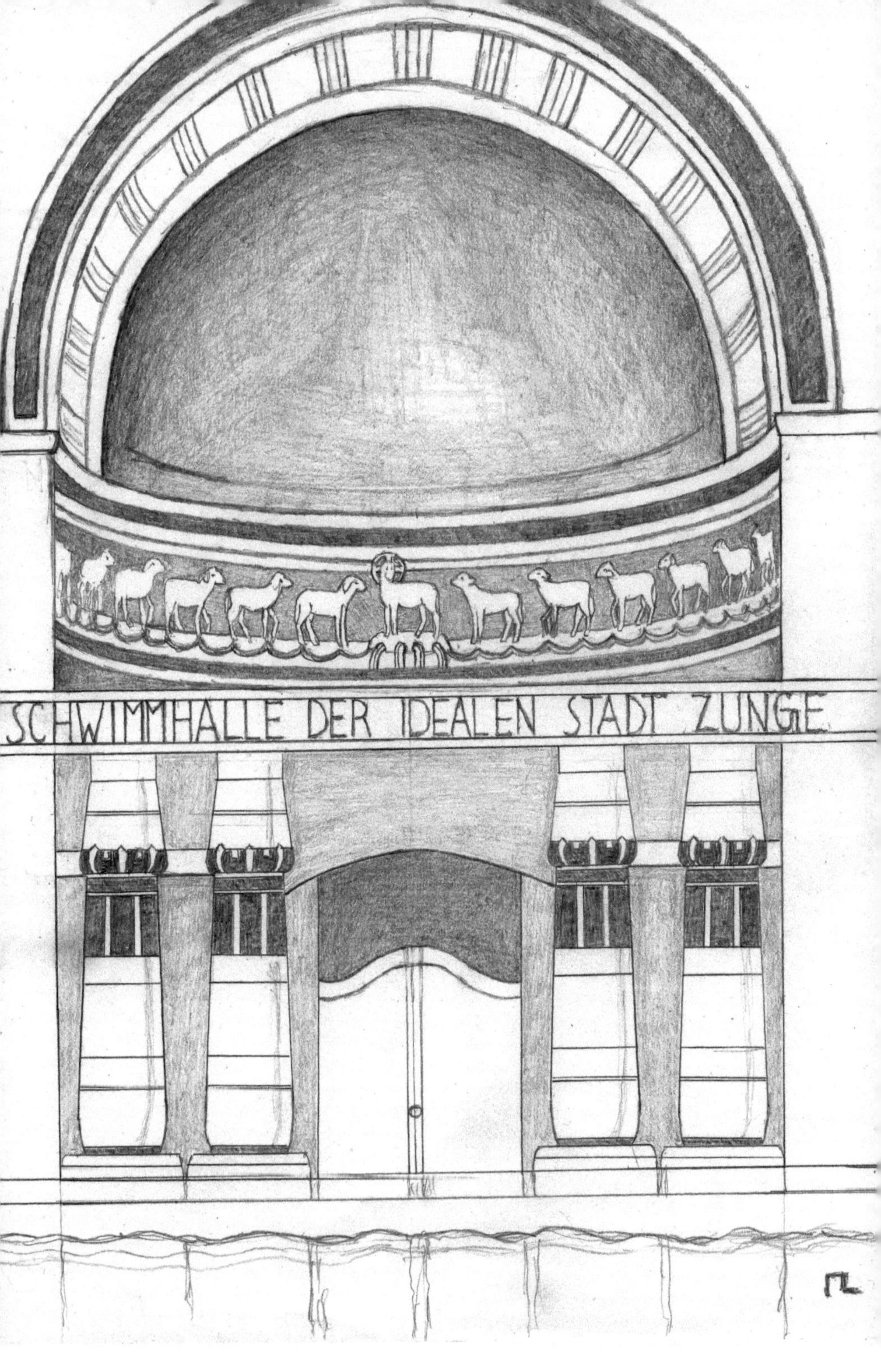

SCHWIMMHALLE DER IDEALEN STADT ZUNGE

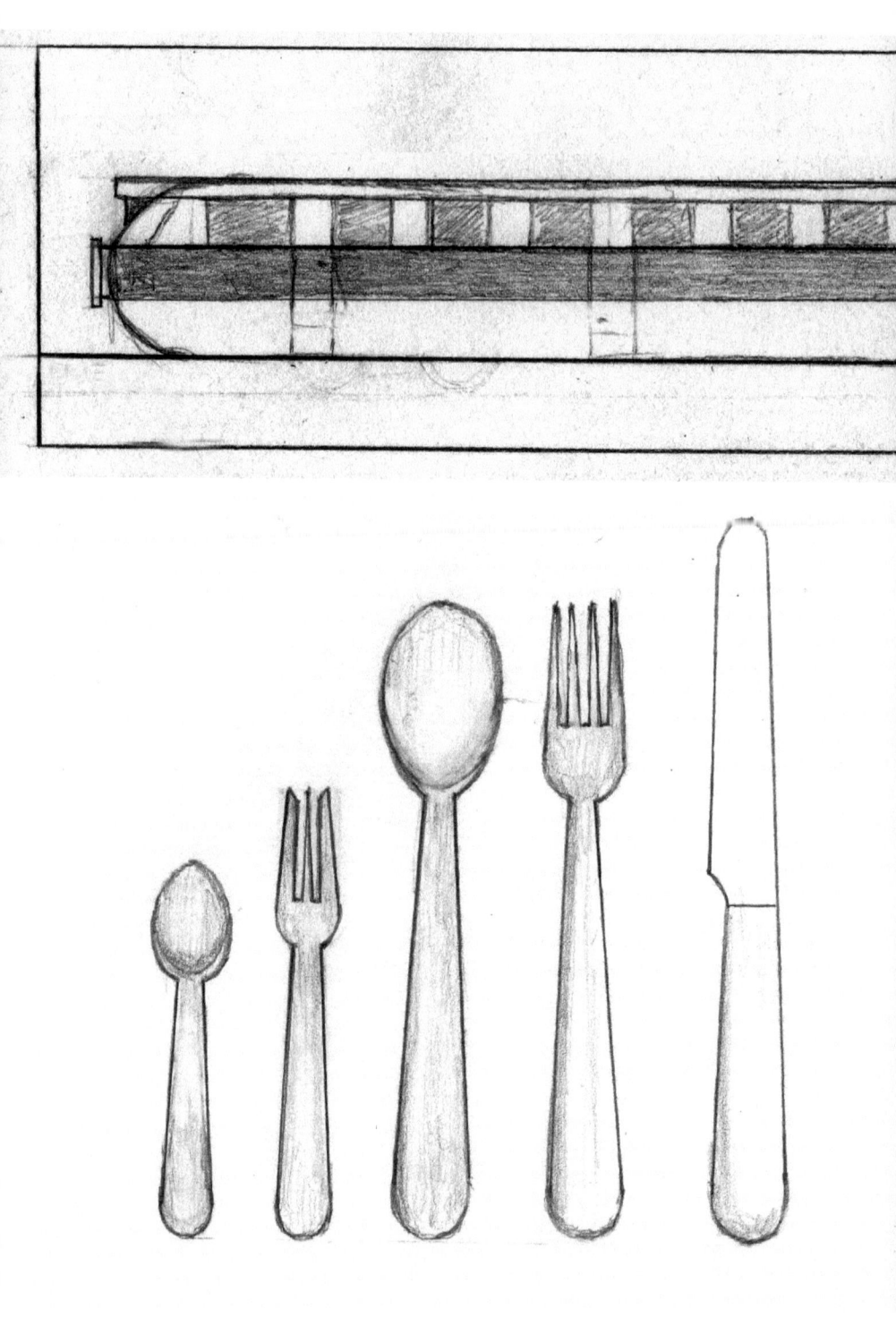

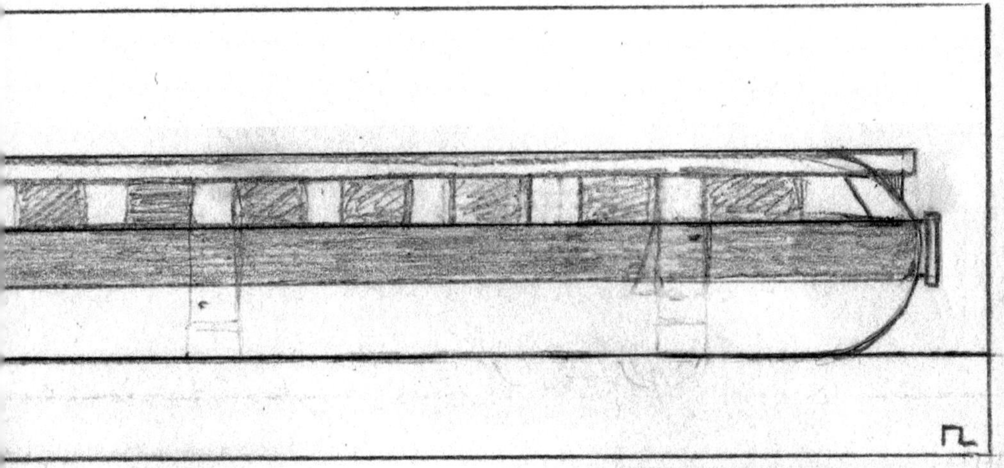

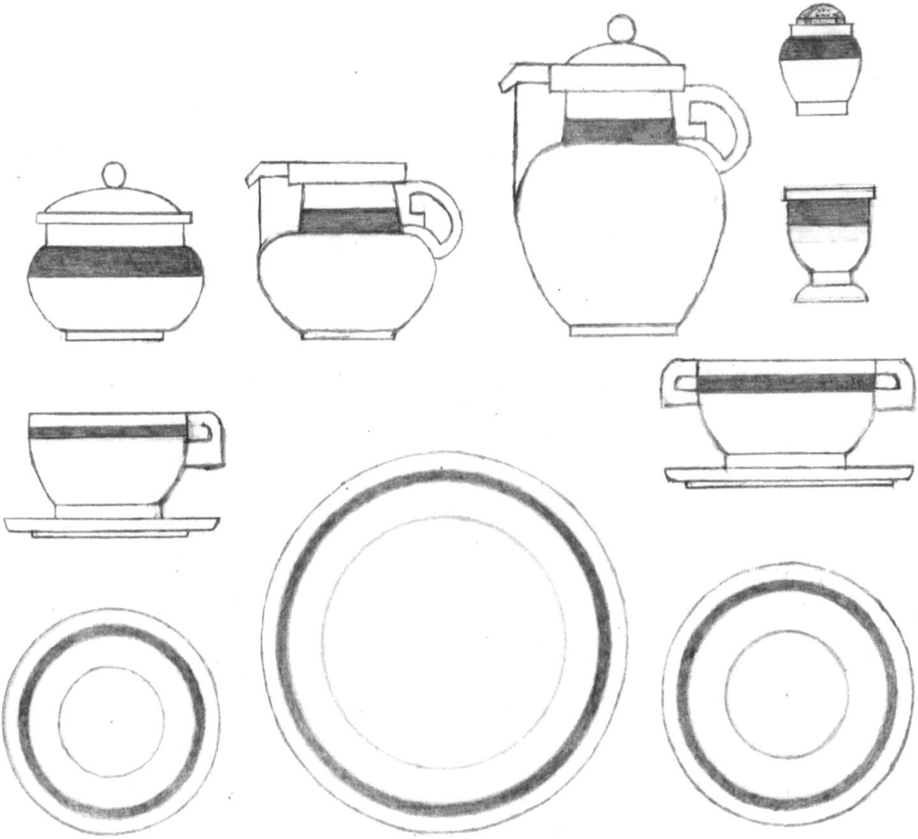

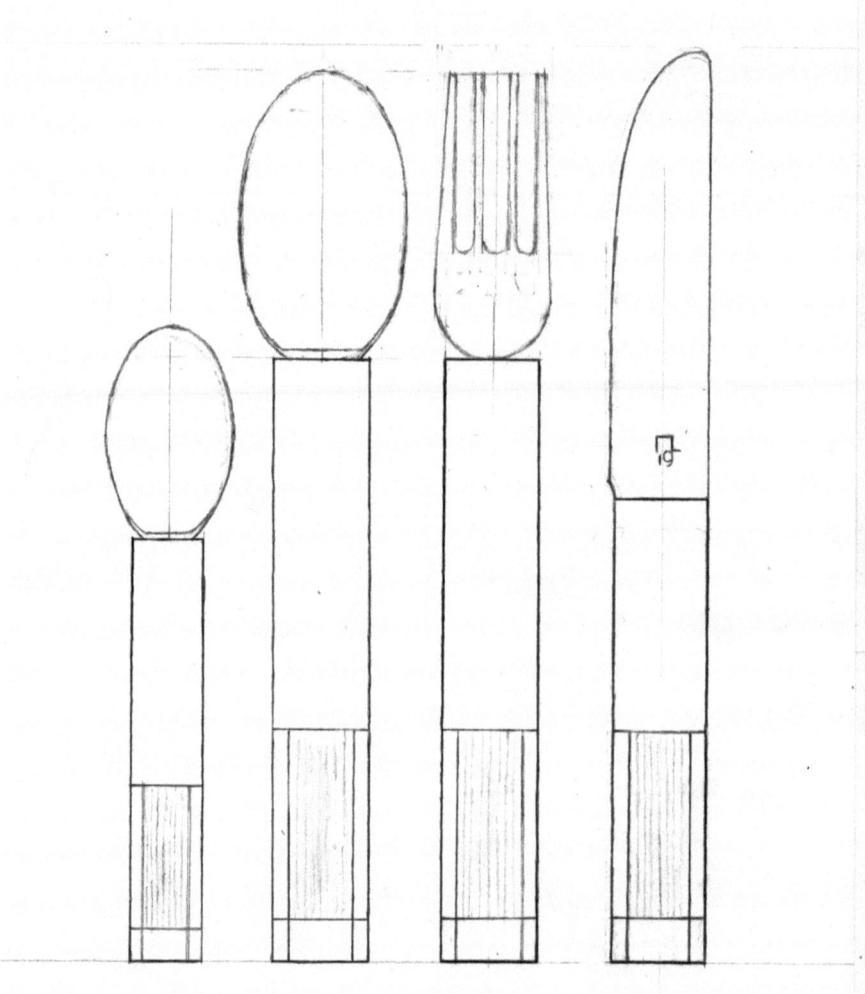

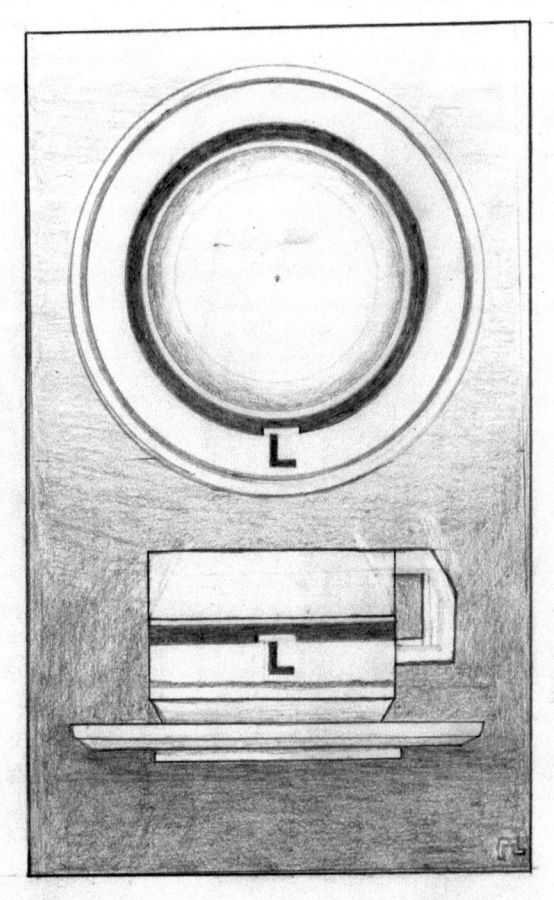

187

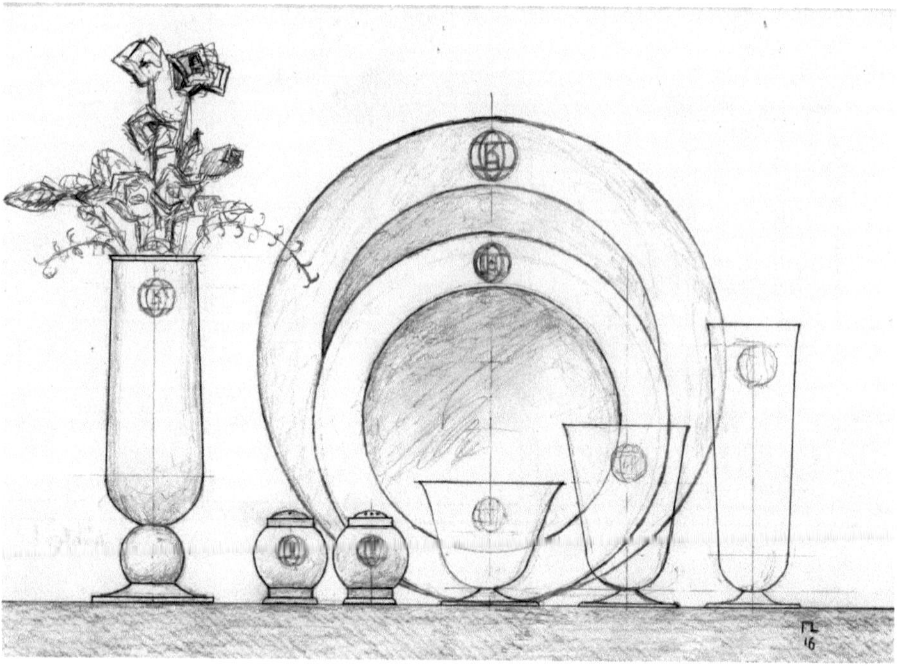

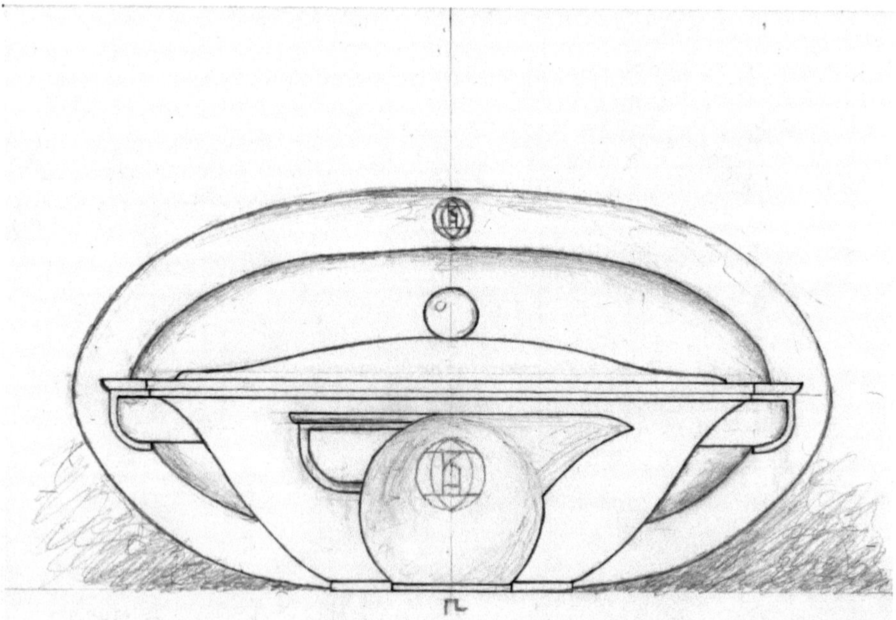

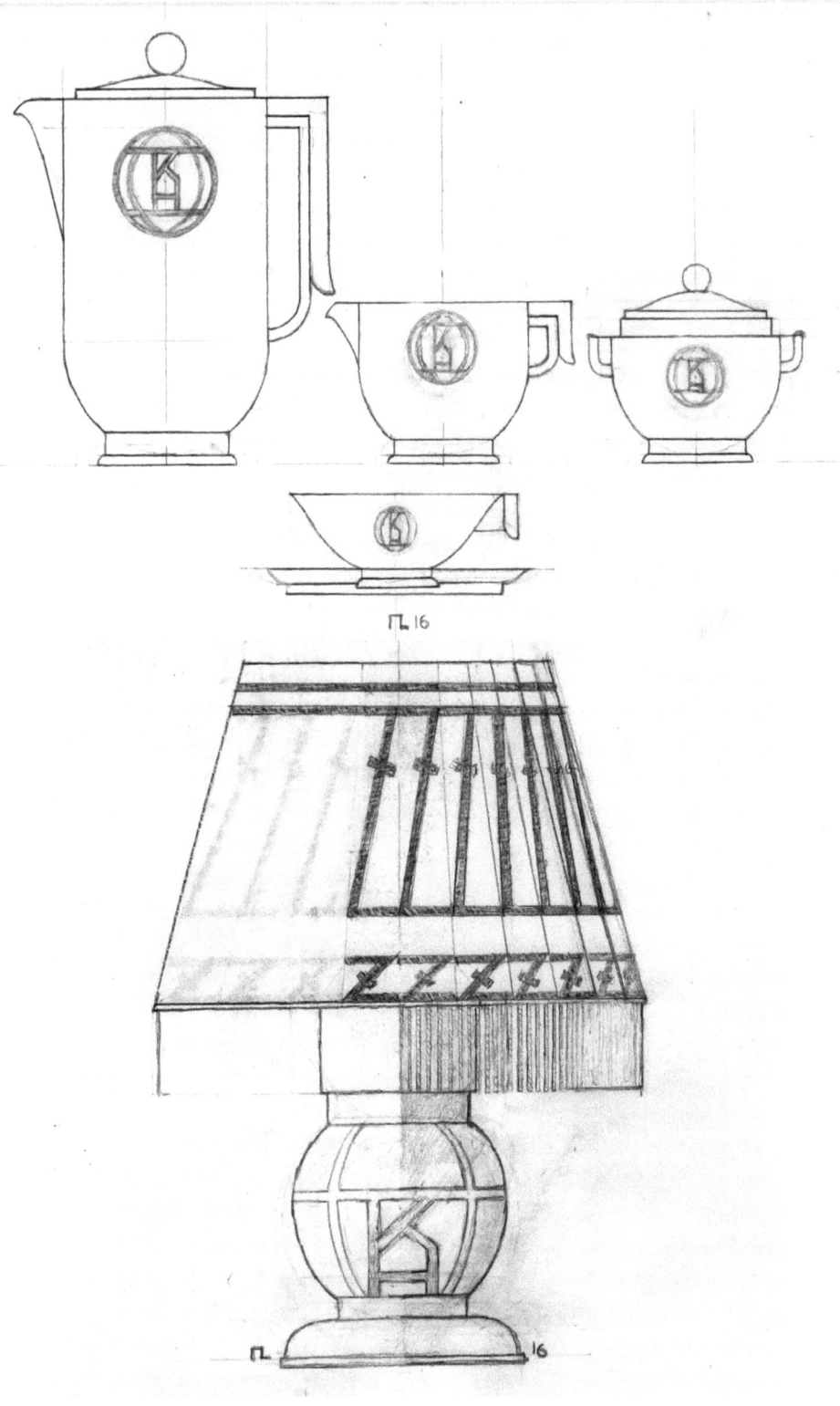

ПЛ 16

ПЛ   16

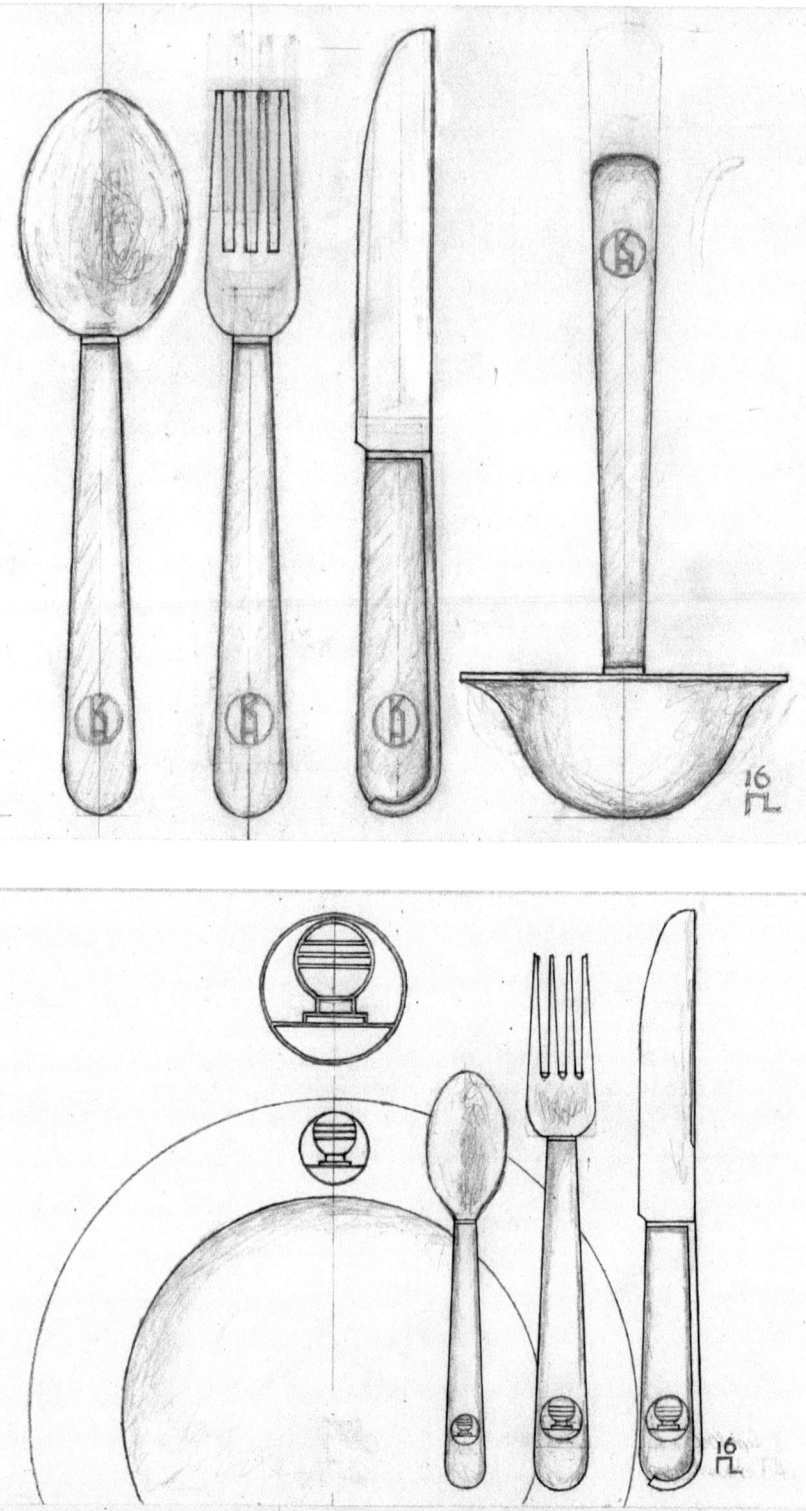